T0298771

تنمية وبناء نظم

الموارد البشرية

تنمية وبناء

نظم الموارد البشرية

تأليف

الدكتور هاشم حمدي رضا

الطبعة الأولى

2010م

المملكة الأردنية الهاشمية
رقم الإيداع لدى دائرة
المكتبة الوطنية (2009/6/24447)

653.3
رضا ، هاشم
تنمية وبناء نظم الموارد البشرية /هاشم حمدي رشا
عمان: دار الراية، 2009
(   )ص
ر.إ : 24447/ 6 / 2009

ردمك: ISBN 978-9957-499-84-6
الواصفات: / ادارة الموارد البشرية // ادارة الأفراد //

❖ أعدت دائرة المكتبة الوطنية بيانات الفهرسة والتصنيف الأولية
❖ يتحمل المؤلف كامل المسؤولية القانونية عن محتوى مصنفه ولا يعبر هذا المصنف عن رأي دائرة المكتبة الوطنية أو أي جهة حكومية أخرى .

دار الراية للنشر والتوزيع
الأردن-عمان
شارع الجمعية العلمية الملكية - المبنى الإستثماري الأول للجامعة الأردنية
هاتف: 5338656 فاكس:96265348656+
ص.ب: 2547 الجبيهة. الرمز البريدي 11941 عمان. الأردن
Email:dar_alraya@yahoo.com

المحتويات

المصادر والمراجع.

مقدمة

يعتبر الإدارة من أهم عوامل المشروع أو فشله، ذلك أن وجود إداره فعّاله قائمة على الأسلوب العلمي والإبتكار والتجديد عامله على الإستفاده من عناصر الإنتاج سواء العاملين أو رأس المال أو الآلات أكبر إستفادة ممكنه واستخدامها أحسن استخدام ممكن أي الإستخدام الأمثل إنما يحقق الكفايه الإنتاجية في العمل ويعظم الربح أو يؤدي أفضل وأجود الخدمات الممكنة للجمهور. وتعتبر إدارة الموارد البشرية من أهم فروع أو أقسام الإدارة حيث أن الهيكل التنظيمي لأيّة منشأة أنما يضم دوائر وأقسام مختلفة سوف نتعرف عليها في فصول هذا الكتاب وسيكون تركيزنا على دور إدارة الموارد البشرية حيث سنتعرض لمفهوم إدارة الموارد البشرية وموقعها من الإدارة العامة في هيكل المنظمة وفلسفة المنظمة الإدارية وسوف نتعرف على النماذج الرئيسية في إدارة الموارد البشرية ومنها النموذج اللبرالي المغربي والنموذج الياباني والنموذج الإسلامي وعن التطوير التنظيمي في إدارة الأفراد والأوله ذات العلاقة وسنتحدث عن وظائف إدارة الأفراد وابتداء من تخطيط القوى العاملة وتوصيف الوظائف ثم طرق الاختيار والتعيين ونظم الحوافز والتشجيع والمكافآت بأنواعها المختلفه ونظم تخطيط المستقبل الوظيفي وتقييم أداء العاملين وتدقيق الموارد البشرية. حتى نتمكن من التعرف على هذه الإدارة الخام والتي تتعلق بالأفراد وإدامتهم وحفزهم وكفايتهم الإنتاجية واختيارهم بأساليب علمية ووضع الشخص المناسب في المكان المناسب وتدريبهم وصول الأهداف المنظمة. سنحاول أن نقدم للقارئ فصولاً متتابعة متلاحقة تغطي موضوع إدارة الموارد البشرية من ناحية المفهوم والمنظم والأداء.

الفصل الأول

العملية الإدارية

العملية الإدارية

تقوم العملية الإدارية على مجموعة من الخصائص والعناصر والوظائف المتشابكة مع بعضها البعض لتكون معاً ما يسمى بالعملية الإدارية فأي مشروع أو منظمة أنما يكون على رأس كيانه عملية هامه هي العملية الإدارية والتي تدور كما تدور العجلة وتضم مجموعة من العناصر والوظائف وهي التخطيط والتنظيم والتوجيه والرقابه. ويشمل كل عنصر أو وظيفه من هذه الوظائف وظائف فرعيه تكمّل العمليه الإداريه وهناك من يرتب العمليه الإداريه بالتخطيط أولاً وبالتنظيم ثانياً وبالتوجيه ثالثاً وبالرقابه رابعاً وهناك من يضيف إلى التوجيه وظيفه اسمها التنسيق بينما يرى البعض أن لا يجوز لنا أن نعتبر أن العمليه الإداريه تبدأ بالتخطيط وتمر بالتنظيم ومن ثم التوجيه (والتنسيق) لتصل إلى الرقابه بل إن العمليه الإداريه في وظائفها الرئيسية ووظائفها الفرعيه المنبثقه عن الوظائف الرئيسيه تشبه عجله تدور فيمكن أن يكون أولها التخطيط ولكن سرعان ما يصبح آخرها التخطيط أو أن أولها التنظيم وسرعان ما يصبح آخرها التنظيم وهكذا ذلك لأنها عمليه دائريه تشبه العجله التي تدور وتدور معها الوظائف والعناصر والوظائف الرئيسيه ويضعون لهذه الفلسفه في النظر إلى العمليه الإداريه الشكل التالي الذي يبين دائرية عملية الإداره على الإداره على النحو لتالي:

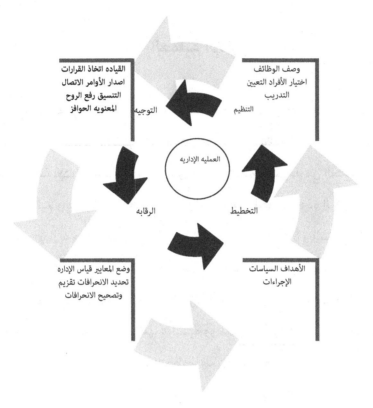

شكل عجلة العمليه الإداريه

يبين العناصر والوظائف الأربعه والوظائف الفرعيه التي تكون وكيف أنها تدور كالعجله حيث يمكن أن تبدأ من أي نقطه

مفهوم وتعريف الإداره:

ظهرت تعاريف عديده ومختلفه للإداره حسب رأي مدارس الإداره والفلسفه الإداريه وهنـاك من يرى ضرورة التفريق بين الإداره كنشاط والإداره كمكان والإداره كأفراد.

فالإداره كنشاط:- هي نشاط ذهني يهدف إلى التأليف والتوفيق عـن عناصر الإنتـاج المختلفـه من أفراد (قوى عامله) وآلات (معدات وماكنات) ورأس مال (أموال

المؤسسين والمالكين والمساهمين) ومنظم (مدراء ومشرفين) للوصول بالمنظمه إلى أهدافها المنشوده بأحسن أداء ممكن أي بأقل التكاليف وأقل وقت وأفضل وأجود انتاج أو خدمات ممكنه.

أما الإداره كمكان فهي ذلك البناء الذي يمارس فيه المدراء والمنظميه أعمالها وفق تخصصاتهم فنقول الإداره العامه أو المدير العام أو إدارة الانتاج أو التسويق أو المبيعات او الماليه وما إلى ذلك.

أما الإداره كأفراد فهي تعني الأشخاص الذين يشغلون المكان ويقومون بالنشاط الذهني لممارسة عمل الإداره لتحقيق أهداف المنشأه.

ومن التعاريف التي وردت في الإداره نذكر:

يعرضها فريدريك تايلور رائد الإداره العلميه[1] بأنها ((المعرفه الدقيقه لما تريد من الرجال أن يعلموه ثم التأكد من أنهم يقومون بعمله بأحسن طريقه وأرخصها))

ويعرفها هنري فايول بأنها ((عمل يتضمن التنبؤ والتخطيط والمنتظم وأصدار الأوامر والتنسيق والرقابه))

ويعرفها سشتر برنارو بأنها:

((ما يقوم به المدير من أعمال أثناء تأذيته لوظيفته))

أما جيمس موني وآلان رايلي فيعرفان الإداره على أنها ((الشراره التي تنشط وتوجه وتراقب خطة واجراءات المنظمة))

أما شيلدون فيعرفها ((على أنها وظيفه يتم بموجبها رسم السياسات والتنسيق بين أنشطة المنظمه الرئيسيه وهي الإنتاج والتوزيع وال؟؟12؟؟ وتصميم الهيكل

(1) الإداره أصول وأسس ومفاهيم د. عمر وصفي عقلي دار زهران عمان الاردن 1997 ص12.

التنظيمي لها والقيام بأعمال الرقابه على كافة أعمال التنفيذ)).

ويعرفها وليم هوايت بأنها ((فن ينحصر في توجيه وتنسيق ورقابة عدد من الأفراد والإنجاز عمليه محدوده أو تحقيق هدف محدد.

ويمكن تعريف الإداره بأنها ((عملية إستغلال الموارد المتاحه عن طريق تنظيم الجهود الجماعيه وتنسيقها بشكل يحقق الأهداف المحدده بكفايه وفعاليه وبوسائل إنسانيه وضمن المشروعيه وبما يساهم في تحسين حياة الإنسان سواء كان عضواً في التنظيم أو مستفيداً من خدماته وأيا كان المجال الذي نمارس فيه"

ومن التعريفات المعاصره للإداره نجد أن هناك تعريفات كثيره للإداره صدرت عن علماء متخصصين في الإداره وعلومها والسلوك التنظيمي ومهمه الإداره ويمكن ذكر هذه التعريفات المعاصره للإداره[1]، على النحو التالي يعرفها ميرودوجلاس Massie and Douglas بأنها: ((العمليه التي تقوم بموجبها مجموعه متعاونه بتوجيه أعمال آخرين نحو أهداف عامه))

ويعرفها العالم سيسك (Sisk) بأنها: ((تنسيق جميع الموارد من خلال عمليات التخطيط والتنظيم والتوجيه والرقابه من أجل تحقيق أهداف محدده.

ويعرفها كريتنر Kreitner بأنها: ((العملية التي يتم بموجبها العمل مع ومن خلال آخرين لتحقيق أهداف المنظمه بفعاليه باستخدام الموارد المحدوده بكفايه في بيئه متغيره)).

ويعرفها كل من كونتز و أدونيل Koontz and O'Donnell بأنها ((خلق بيئه فعاله لأفراد يعملون في مجموعات ضمن تنظيم رسمي))

(1) الإداره الحديثه مفاهيم، وظائف، تطبيقات، مصطفى نجيب شاويق دار الفرقان عمان الأردن 1993 ص30.

ويعرفها كل من دونلّي وجبسون وإيفانسيفيش: Donnelly, Gibson and Invancevich بأنها ((تتبع نشاطات تولاها شخص أو أكثر من أجل تنسيق نشاطات الآخرين بغرض تحقيق النتائج التي يصعب تحقيقها من قبل شخص واحد.

والإداره هي عملية توجيه وقياده للجهود البشريه في أية منظمه لتحقيق هدف معين[1].

وهنا يجب أن نميز بين إدارة الأعمال Business Administration والإداره العامه Public Administration:- فإدارة الأعمال هي الإداره التي تقود منظمات الأعمال التي تهدف إلى الربح وتضم على رأسها إداره عام تتبعها إداره متخصصه مثل إداره التسويق وإدارة المبيعات وإدارة الإنتاج وغيرها. أما الإداره العامه فهي التي تخص القطاع الحكومي الذي يهدف إلى تقديم خدمات عامه للجمهور بقصد تصريف الأعمال ربما مقابل رسوم أو ضرائب ولكن ليس بهدف الربح.

ومن خلال التأمل في التعريفات حول الإداره يمكن أن نفهم ما يلي:

1- ركز المفكرون في تعريفهم للإداره على تحليل العمل الإداري للمدير إلى وظائف يطلق عليها تسميه العمليه الإداريه أو وظائف الإداره أو وظائف المدير.

2- الإداره هي بمثابة الروح المحركه من خلال وظائفها لعناصر الإنتاج والعمل داخل المنظمه فهي التي تخطط وترسم وتوجه وتراقب من أجل تحقيق الأهداف المنشوده.

3- هناك اتفاق على أن الإداره عمليه تتضمن وظائف أساسيه هي التخطيط والتنظيم والتوجيه والرقابه والتنسيق محور العمليه الإداريه.

---

(1) الإداره العامه د.حسن أحمد توفيق دار النهضه العربية القاهره مصر 1967 ص5

4- الإداره نشاط متخصص يقوم به المدير فقط أياً كان مستواه الإداري ومجـال عملـه داخل المنظمه وهذا يختلف عن عمل المنفذ أياً كان طبيعة عمله فنّي أو خدمي.

5- الإداره عمل منظم بعيد كل البعد عن العشوائيه والتخطيط.

6- تسعى الإداره دوماً لتحقيق هدف محدد وتعمل على توجيه جهود العاملين وسلوكهم لأجل تحقيق أهداف المنظمه.

7- الإداره تعني الإشراف على مجموعه من الناس لا تقل عددهم عن شخصين ويمكن أن يصلوا إلى مئات أو ألوف.

8- تتضمن العمليه الإدارية الكفايه والفعاليه وتعرف الكفايه بأنها محاولة الوصـول إلى الهـدف المنشود داخل التنظيم بأقل كلفه ممكنة وأقل جهد وأسرع وقت. بينما يقصد بالفعاليـه الموصول إلى أفضل نوعيه ممكنه من الإنتاج أو السلع أو الخدمات المقدمه.

9- يجب أن تبتعد الإداره العلميه كل البعد عن جميع أنواع الظلم وأن تؤمن بإنسانيّه الإنسان. والعلاقات الإنسانيّه لها أثر جيد وإيجابي على المناخ التنظيمي الذي يسود المنظمه وعلى الإنتاج.

10- لا بد أن تكون الوسائل المتبعه في تحقيق الأهداف مشروعه ولا بـد للوسائل أن تكون نظيفه.

11- يستخدم مصطلح الإداره بعدة طرق وهي:

- الإداره بمعنى مدير أو مديره Manager

- الإداره بمعنى دائره واحده تنظيميه Organizational Unit

- الإداره بمعنى جهاز أو نظام إداري Management System

- الإداره بمعنى فعاليه Activity أو وظيفه Function

12- الإداره قد تكون علم له قواعده وأصوله وقد تكون فن لأنها تعتمد على مهارات المـدراء وبالتالي فهي خليط بين العلم والفن ويمكن أن يقال أنها علـم وفـن لأنهـا تعتمـد عـلى مبادئ وأسس علميه وعلى مهارات فنيه إداريه قياسيه لشخص المدير فهي علم وفن في آنٍ واحد

13- ترتبط الإداره بعلوم كثيره نعتمد عليها ونتفاعل معها مثل علـم الإجـتماع وعلم الـنفس وعلم الإقتصاد وعلم القانون وعلم المحاسبه والعلوم السـلوكيه المختلفـه لـذا فـالإداره تعمل من خـلال مختلـف العلـوم الإنسـانيه والإجتماعيـه وتتفاعـل معهـا ويلـزم المـدير بفرعين من المهارات المهارات الإداريه والمهارات الفنية.

14- من خلال تعاريف الإداره المختلفه والتأمل فيها نجـد أن العمليـه الإداريـه تعتمـد عـلى مجموعه من العناصر هي:

أ- التخطيط	Planning
ب- التنظيم	Organizing
ج- إدارة الموظفين (الأفراد)	Staffing
د- التوجيه	Directing
ه- التنسيق	Coordinating
و- كتابة التقارير والإتصالات	Reporting
ع- إعداد الموازنات	Budgeting

15- ترجع أهمية الإداره لأسباب التاليه:- [1]

1- إن زيادة السكان وشح الموارد يتطلب الإستخدام الأمثل للمـوارد عـن طريـق الإداره.

2- إتساع حجم المنظمات وضرورة إستخدام إعداد هائله مـن القـوى العاملـه أو الموارد البشريه ليستدعي وجود الإداره وإدارة الموارد البشريه.

3- بروز التشـكيلات الثقافيـه التـي تقودهـا قيـادات فاعلـه ظهـرت حاجتها إلى القياده والإداره الفعاله لاستخدام العلم والقدره على المنافسه.

4- تطلب القيام بمشاريع كبيره وابتعاد المالك عن إدارتها الحاجه إلى الإداره.

5- الحاجه إلى التنسيق بين عوامل الإنتاج وقيادتها وزيادة فاعليتها.

6- شدة التنافس المحلي والدولي وتطور الإنتاج.

7- تدخل الدول في رقابه على المنظمات وعلى الحاجه إلى الإداره.

8- التطور الفني والتكنولوجي الذي واكب الإقتصاد والأعمال

16- الإداره في فعالياتها تقسم إلى:-

أ.   الإداره الإستراتيجيه: وتشمل تحديد الملامح الأساسيه للمنظمه ككيان وهـذه تمثـل مهمه أساسية للمالكين والمسؤولين عن المنظمـه ككيـان أي أنهـا جـوهر مسؤولية مجلس الإداره والذي يمثل حملة الأسهم أو المالكين.

(1) أساسيات في الإداره د.سليمان اللوزي وآخرين دار الفكر عمان الأردن 1998 ص16

ب. الإداره العملياتيه: وتشمل تسيير الشؤون اليوميه للمنظمه والتأكيـد عـلى تحقيـق الاستراتيجيه وتمثل الإداره العملياتيه جوهر مسـؤولية الإداره التنفيذيـه أي الإداره العليا المسؤوله عن التنفيذ من تخطيط وتنظيم وتوجيه ورقابه.

وظائف الإداره (عناصرها):Management Functions(Elements)[1]

يمكـن تحديد وظـائف الإداره أو عناصرهـا أي النشـاطات التـي تشـكل عملية الإداره (The Management Process) إلى أربعه وهي التخطيط والتنظيم والتوجيه والرقابه ونقدم فيما يلي لمحه عن كل من هذه الوظائف الأربعه:-

التخطيط (Plannin):

ويشمل إختيار المهام الواجب انجازها من أجل تحقيق الأهداف التنظيميه وتحديد كيف يجب انجازها ومتى يجب انجازها حيث أن نشاط التخطيط يركز على تحقيق الأهداف. فيقوم المـدراء ومـن خلال خططهم بتجديد ما يجب عمله من أجل نجاح المنظمه وما هي السياسات الممكن أن تتبـع ومـا هي الإجراءات اللازمه لتنفيذ الأهداف والسياسات.

إن المدراء يهتمون بنجاح المنظمات سواء في المدى القصير أو المدى الطويل

التنظيم (Organizing):

يتم هنا تحديد الموظفين اللازمين لأشغال الوظائف المطلوبه ويتم تصـميم الهيكـل التنظيمـي. فالتنظيم عباره عن تعيين المهام التي سبق وتم تحديدها في عمليه التخطيط

---

(1) الإداره الحديثه مصطفى نجيب شاويش دار الفرقان عمان الأردن 1993 ص31

للأفراد أو المجموعات المختلفه في المنشأه. فالتنظيم يوفر الآليه (Mechanism) لوضع الخطط موضع التنفيذ يقوم المنظم هنا بتحديد واجبات كل عامل وموظف ومدير في المنشأه من أجل المساهمه في تحقيق الأهداف ويتم تنظيم المهمات بحيث يساهم ناتج الأفراد في نجاح الأقسام. والتي بدورها تساهم في نجاح الإدارات ومن ثم المساعده أو المساهمه في نجاح المنظمه ككل.

التوجيه (Directing) :

ويعتبر التوجيه ومن ضمنه التنسيق (Coordinating) من الوظائف الأساسيه في العمليه الإداريه وهذه الوظيفه تشمل على الحوافز والقياده والاتصال وتهتم بشكل أساسي بالأفراد داخل المنشأه:

ويعرّف التوجيه بأنه عملية إرشاد نشاطات أفراد المنظمه في الإتجاهات المناسبه. إن الإتجاه المناسب هو أي إتجاه يساعد المنظمه للتحرك نحو تحقيق الهدف. إذ أن الهدف النهائي للتوجيه هو زيادة الإنتاجيه (Productivity) الرقابه (Controlling)

والرقابه وهي الوظيفه الإداريه الرابعه كما ذكرنا يقوم المدراء بواسطتها بما يلي:-

1- جمع المعلومات التي تقيس الإنجازات الحالي للعاملين والموظفين

2- مقارنة ما تم انجازه بالمعايير التي تم وصفها في التخطيط وفي تحديد المهام أثناء التنظيم.

3- تحديد فيما إذا كان هناك إنحرافات بين التنفيذ والتخطيط من أجل تقويم هذا الإنحراف المقرره أو سلبياً أي أقل من المطلوب. وكما سبق وان ذكرنا أن وظائف الإداره الأربع تدور كعجله حيث لا يمكن اعتبار أي عنصر أو وظيفه هو أولها أو آخرها بل إن هناك تكامل بين هذه الوظائف ويمكن

توضيح ذلك من الشكل التالي:-

وما دمنا قد تحدثنا عن وظائف الإداره الأربع وذكرنا أنها أشبه بعجله تدور ووأردنا شكل شكل بذلك وشكل آخر على تكامل الوظائف الأربعه نود هنا أن نبين كيف يتم بناء التنظيم في المؤسسه وذلك برسم المستويات الإداريه ورسم هيكل تنظيمي مفترض.

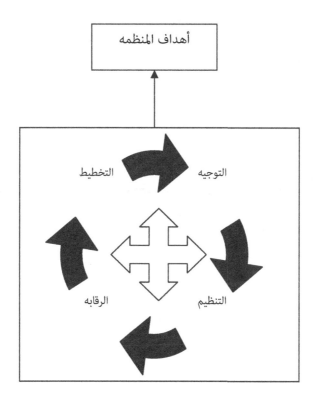

شكل المستويات الإداريه

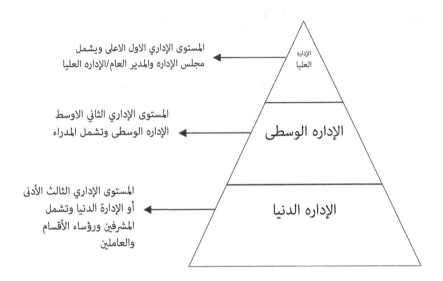

المستوى الإداري الاول الاعلى ويشمل
مجلس الإداره والمدير العام/الإداره العليا

الإداره
العليا

المستوى الإداري الثاني الاوسط
الإداره الوسطى وتشمل المدراء

الإداره الوسطى

المستوى الإداري الثالث الأدنى
أو الإداره الدنيا وتشمل
المشرفين ورؤساء الأقسام
والعاملين

الإداره الدنيا

(شكل يبين العلاقات المتبادله لوظائف الإداره الأربع لتحقيق أهداف المنظمه)

نموذج هيكل تنظيمي مفترض

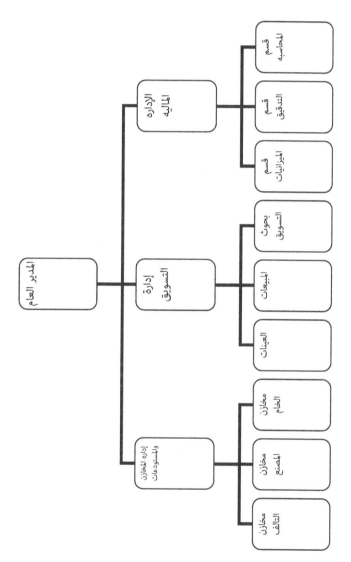

المدير العام
الإداره الماليه
إدارة التسويق
إداره المخازن والمستودعات
قسم المحاسبه
قسم التدقيق
قسم الميزانيات
بحوث التسويق
المبيعات
العينات
مخازن الخام
مخازن المصنع
مخازن التالف

الفصل الثاني

إدارة الموارد البشرية

إدارة الموارد البشرية

سنتحدث في هذا الفصل عن مفهوم إداره الموارد البشريه أو ما يسمى بمفهوم الأفراد وفلسـفة المنظمه الإداريه وسنستعرض النماذج الرئيسيه في إداره الموارد البشريه وهي:-

- النموذج الغربي الكلاسيكي (C)

- النموذج اللبرالي الغربي الحديث (L)

- النموذج الياباني (J)

- النموذج الإسلامي (I)

في فصل لاحق بعد استعراض مفهوم إداره الأفراد وفلسفة المنظمه الإداريه والجدير بالـذكر أن إدارة الموارد البشريه قد تسمى إدارة الأفراد أو إدارة شؤون العاملين أو المـوظفين في بعـض المؤسسـات أو تكون على مستوى قسم يرأسه رئيس قسم يتبع مدير دائر كأن نقول رئيس قسم الموارد البشريه أو رئيس قسم الأفراد والتابع للدائره الإداريه التي يرأسها المدير الإداري أو المدير الإداري والمالي فيما يـلي نماذج تبين موقع إدارة الموارد البشرية أو قسم الأفراد :

1) نموذج يبين الموارد البشريه كدائره

31

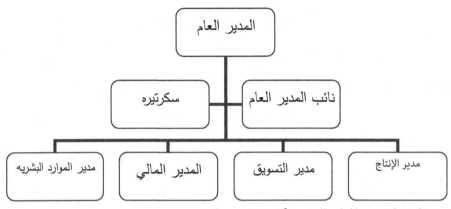

2) نموذج يبين الموارد البشريه كقسم ضمن دائره

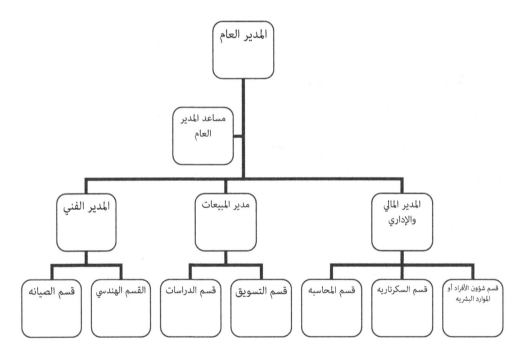

كفهوم إدارة الموارد البشريه (إدارة الأفراد):[1]

لقد ترددت تسميات عديده لإداره الموارد البشريه (Human Resources Management) من هذه التسميات إدارة الأفراد (Personnel Management) والعلاقات العماليه (Labour Relations) والعلاقات الصناعيه (Industrial Relations) والعلاقات الإنسانيه (Human Relations). ويبدو لأول وهله أن هذه التسميات نقصد معنى واحد هو مجمل العلاقات بين الإداره والقوى العامله. ولكن المتأمل جيداً يجد أن التسميات المذكوره بمختلف في أهدافها حيث أن لكل تسميه من هذه التسميات هدفاً يختص به[2].

فالمقصود بالعلاقات العماليه هي العلاقات بين الإداره والنقابات والدوله. إذ تشمل المفاوضات بشأن شروط العمل والماومه الجماعيه المشتركه وأعمال اللجان الخاصه بالتوفيق والتحكيم والتشريعات التي تنشئها الدوله لتنظيم العلاقه بينها. الإداره والعمال وهي ما تسمى بالعلاقات الصناعيه أو العلاقات الجماعيه المنبثقه من الاستخدام[3].

أما العلاقات الإنسانيه فتعني دراسة الأفراد إثناء العمل وليس الأفراد منفصلين لخلق مزيج متعاون منهم يستطيع أن يحقق أقصى درجه من الإنتاجيه[4].

أما إداره الأفراد فقد عرفها د.عادل حسن بأنها: ((السياسات المتعلقه باختيار وتعيين وتدريب ومعاملة الأفراد في جميع المستويات، والعمل مع تنظيم القوى العامله

---

(1) إداره الأفراد في منظور كمي د. مهدي حسن زويلف مكتبة الأقصى عمان الأردن 1983 ص9

(2) إدارة الأفراد د. عادل حسن دار الجامعات المصريه القاهره مصر 1965 ص7

(3) Dale Yorder, Personnel Principles and Policies NY. Prentice Hall 1959 P.7

(4) Saltonstal Robert, Human Relation in Administration N.Y Mcgraw-Hill Book INC.1957.P.45

داخل المؤسسه وزيادة ثقتها في عدالة الإداره وخلق روح تعاونيه بينها للوصول بالمؤسسه إلى أعلى طاقتها الإنتاجيه))

إذن فإدارة الأفراد أو إدارة الموارد البشريه يتعلق عملها بنشاطات الأختيار والتعين والتدريب ومعاملة الأفراد بما يزرع الثقه في نفوسهم في عدالة الإداره وكذلك خلق التعاون الفعال بين عناصر المنظمه للوصول إلى أعلى طاقه إنتاجيه.

وتعتبر إداره الموارد البشريه ((هي ذلك التخصيص في إدارة الأعمال الذي يهتم بكل ما يتعلق بالعاملين الذين نحتاجهم أية منظمة أعمال. وهذا يشمل توفيرهم بالأعداد والمؤهلات المناسبه ومنهم الأجور والمكافئات التي تضمن بقاءهم واستخدامهم في الوظائف المعنيين بها وتطويرهم ليكونوا مؤهلين لإشغال وظائف مهمه في المستقبل والحفاظ على أمنهم وسلامتهم والإهتمام بكل ما يتعلق بإجازاتهم ودوامهم وانضباطهم وترقيتهم وانهاء خدمتهم[1]. وقد تختلف التفاصيل التي تحتاج أن نهتم بها منظمه أعمال ما باختلاف حجمها ونوع نشاطها والمؤهلات التي تحتاجها. وقد أصبحت هذه الوظيفه بالغة الأهميه لأعمال يتوقف نجاحها وبقاءها على توفر العاملين ذوي الإختصاصات النادره التي تتكون عبر جهد طويل ومنظم. وهذا ينطبق على كل منظمة أعمال تعتمد تكنولوجيا حديثه لأن توفر العاملين المؤهلين العامل الأهم في نجاحها ويعطي المعنيون بهذه الوظيفه لها عدة أسماء. ففي المراحل الأولى من علم الإداره كانوا يعطونها اسم التوظيف Staffing بعد ذلك أعطوها اسم الأفراد Personnel. ويستخدم علماء الاقتصاد مفهوم القوى العامله Workforce أو قوى العمل Manpower. أما علماء الإداره الآن يسمونها إدارة الموارد البشريه Management of human resources للتأكيد على أهمية العاملين كمورد ثمين. فالشركه التي تصمم أنظمة معلومات تعرض نفسها للتهديد إذا لم تتعامل مع العاملين

(1) الاعمال د.سعاد نائف برنوطي دار وائل للنشر عمان الأردن 2001م ص226

باعتبارهم مورداًً نادراً. وهذا ينطبق على كل منظمه أعمال تتعامل مـع تكنولوجيـا متطـوره وحديثـه وتعمل في سوق تنافسي إن هناك اختلاف بين مسؤوليات الموارد البشـريه في منظمـة الأعـمال والـدائره الحكوميه. فمنظمة الأعمال (القطاع الخـاص) تحتـاج أن تضـع أنظمـه وان تنفـذ هـذه الأنظمـه مثـل الأجور والحوافز والترقيات أما بالنسبه للدوله فهـي عـادة تصـدر الأنظمـه الخاصـه بالعـاملين كقـوانين والدوائر الحكوميه تنفذ هـذه القـوانين لهـذا السـبب غالبـاً مـا تسـمى المؤسسـات الحكوميـه الـدائره المسؤوله عن العاملين باسم "إدارة شؤون العاملين" وقد يكـون اسـم الـدائره إدارة شـؤون العـمال. وفي قطاع الأعمال الخاصه يمكن تسمية الدائرة باسم إدارة العلاقات الصناعيه " Management of Industrial relations"

مفهوم المنظمه:

تعرف المنظمه Organization بكونها:

"كيان اجتماعي تعاوني هادف"أو أنها"مجموعه من الأفراد يتعاونون لتحقيق هدفً ولها طـابع الديمومه، ويأخذ التعاون طابع النظام فيها انتظام وثوابت نسميها بناءً . والعنـاصر الأساسـيه للمنظمـه هي:

1- مجموعه من الأفراد لا يقل عددهم عن ثلاثه

2- هدف مطلوب الوصول إليه

3- استمراريه العمل أي ليس لعمليه واحده أو آتيه

4- تنظيم وبناء يجعلهم كيان ويستخدم في علم الإداره والبناء والهيكل Structure.

فأي كيان تتوفر فيه هذه العنـاصر يعتـبر منظمـه ومنظمـة الأعـمال (business) "هـي منظمـه تمارس نشاطا اقتصاديا يقيمها أشخاص بهدف الربح"

خصائص منظمة الأعمال هي:

1- يقيمها أفراد وليس حكومات أو دول

2- تمارس نشاط اقتصادي

3- الهدف يكون الربح

بالتالي فإن الإداره هي واحده من الوظائف الأساسيه لبقاء أي منظمه.

فالمنظمه كما ذكرنا كيان اجتماعي يتكون من ثلاثه أشخاص أو أكثر يتعاونون معاً لتحقيق هدف. وحتى يقوم هذا الكيان ويبقى يجب أن يقوم الأفراد الذين يكونونه لمجموعه من الفعاليات. واحده من هذه الفعاليات هي الإداره. وتسمى هذه الفعاليات بوظائف لأنها مهمة لقيام المنظمه وبقاءها وهذا ينطبق على منظمة الأعمال فهي تقوم وتبقي والإداره واحده من مجموعة الفعاليات والوظائف.

فلسفة المنظمه الإداريه:

تقوم فلسفه المنظمه الإداريه على بناء أهداف تشبع حاجات الأفراد الذي أسسوا هذه المنظمه من طريق اختيار الأفراد والعاملين وتعاونهم داخل المنظمه ومن هنا فإن المنظمة الأعمال أهميه تأتي مما يلي:-

1- إنها ضروريه لبقاء الإنسان

2- إنها ضروريه لقيام اقتصاد ثم مجتمع متطور

3- إنها ضروريه لحماية المجتمع واقتصاده

4- إنها ضروريه لبقاء الجماعات في العصر الحديث

وتبدو فلسفه المنظمه الإداريه من أهميه وأهداف إدارة الأفراد أو إدارة الموارد

البشريه حيث يمكن القول ان أفضل وسيله لمعرفة أهداف إدارة الأفراد أو الموارد البشريه التعرف على واجباتها حيث تتفاوت الواجبات والأهداف التي توضع لإدارة الموارد البشريه من منشأه إلى أخرى ومن مجتمع لآخر استناداً على مدى تفهم الإداره لأهمية تنظيم العلاقه بينها وبين العاملين على أساس علمي وكذلك تتأثر بالفكر السياسي والاجتماعي للدوله.

لقد حدد الكتاب[1]. حدوداً وواجبات لإدارة الأفراد فخصّها في اختيار العاملين وأعدادهم وتنظيم ساعات عملهم وتنظيم أجورهم وتوفير الطمأنينه وأمكنة آمنه للعمل وتزويدهم بالمعلومات وتأمين مستقبلهم ومستقبل أسرهم وإعداد سجلات وبيانات عنهم والعمل على تحقيق روح التعاون بينهم وواجبات إدارة الأفراد تختلف من مؤسسة لأخرى ومن دوله لأخرى طبقاً لطبيعة تلك المؤسسات وتطور التنظيم الإجتماعي ولهذا لا يمكن حصر واجبات إدارة الأفراد حصراً إلا في منظور تلك الإعتبارات. ويحدد بعض الكتاب معالم عامه وحقول رئيسيه لواجبات ادارة الأفراد مثل البروفسور أدون فليبو Flippo-A[2]. فلإدارة الأفراد أو الموارد البشريه واجبين رئيسيين هما:

1- واجب إداري

2- واجب متخصص

وهي تشترك مع بقيه الإدارات في المنظمه بالواجبات الإداريه وهي

- التخطيط Planning
- التنظيم Organizing

(1) **إدارة الأفراد د.عادل محمد عبيد دار النهضه العربيه القاهره مصر 1964 ص141**

(2) **Flippo-A. Principles of Personnel N-Y. Mcgraw-Hill Book Inc. 1961 P.7.**

- التوجيه Directing

- الرقابه Controling

هذه هـي الواجبـات الإداريـه لإدارة الأفـراد وهـي لا تختلـف في ممارسـتها لهـا عـن أيـة إداره متخصصه أخرى كالماليه والمبيعات والإنتاج وغيرها من إدارة المنظمه الواحده.

أما واجبها المتخصص فيبدو فيما يلي:

1- واجبات تهيئة القوى العامله Procurement: من إختيار وتعيين وتدريب قبل العمل.

2- واجبات تطوير القوى العامله Development: أي تطوير القوى العامله لزيـادة مهاراتهـا ومداركها عن طريق التدريب المستمر.

3- واجب مكافأة القوى العامله Compensation: ويتضمن كيفيـة تقيـيم الوظـائف وانجـاز العاملين والترفيع والنقل والانضباط

4- واجب إراحة بالقوى العامله Maintenance: أي توفير شروط عمل حسن وروح معنويـه عاليه بين العاملين لاستمرار عملهم.

بالإضافه إلى ما تقدم فإن هناك أهداف لإدارة الأفـراد مبنيـه عـلى فلسـفتها وفلسـفة المنظمـه. هذه الأهداف منها:

- ما يتعلق بالمجتمع
- ما يتعلق بالعاملين
- ما يتعلق بالمنظمه نفسها

أما ما يتعلق بالمجتمع [1] فيمكن تحديد الاهداف التاليه:-

1- المحافظة على التوازن بين الأعمال وشاغليها

2- مساعدة الأفراد في إيجاد أحسن الأعمال وأكثرها انتاجيه وربحيه بالنسبه لهم.

3- تمكين الأفراد من بذل أقصى طاقاتهم وتوفير مقابل لهذا البذل

4- توفير الحمايه والمحافظه على قوة العمل وتجنب الاستخدام غير السليم للأفراد.

5- توفير جو من العمل تسوده حرية الحركه والتعبير بعيداً عن الإكراه والعمل على تحقيق رفاهية الأفراد.

أما فيما يتعلق بالعاملين فيمكن تحديد الاهداف التاليه:

1- إتاحة فرص التقدم والترقي للأفراد عندما يصبحون مؤهلين لذلك.

2- توفير سياسات موضوعيه تمنع الإسراف والتبذير في الطاقات البشريه ونتحاشى الاستخدام غير الإنساني للقوى العامله. ونتفادى الاستخدام الذي يعرض الفرد للمخاطر غير الضروريه.

أما فيما يتعلق بأهداف المنظمه فيمكن تحديد أهداف إدارة الأفراد بمايلي:

1- الحصول على الأفراد الأكفياء عن طريق تحديد المؤهلات ومواصفات الأعمال والإختيار والتعيين بأسلوب علمي مدروس.

_____

(1) إدارة الأفراد الإنسانيه د.صلاح الدين الشنواني دار الجامعيات المصريه القاهره مصر 1970 ص11

2- الاستفاده القصـوى مـن الجهـود البشـريه عـن طريـق تـدريبها وتطويرهـا وإتاحـة الفرصـه لتمكينها من الحصول على المعرفه والخبره والمهاره.

3- المحافظة على استمرار رغبة العاملين في العمل واندماجهم فيه وخلق التعاون المشترك بينهم بعضهم البعض وبينهم وبـين الإداره وبالتـالي لا بـد مـن اسـتخدام نظـم أجـور ومكافآت وحوافز فعّاله ومدروسه وهادفه.

ويمكن إجمال الوظائف الفرعيه الرئيسيه لإداره الموارد البشريه والتي تعطيها اهميتها وتبين فلسفتها وفلسفه المنظمه، هذه الوظائف الفرعيه يمكن إجمالها فيما يلي:

1- تهيئة قوة العمل: أي التأكد من توفر العاملين الذين تحتاجهم المنظمه بالإعداد والمـؤهلات والشروط المناسبه.

2- مكافئة وتعويض العاملين وتحفيزهم ليقوموا بتأدية المجهود المطلوب منهم.

3- الحفاظ على العاملين وحمايتهم من الأخطار والامراض وإدامة علاقتهم بالمنظمه.

4- تطوير وتدريب العاملين ليكونوا مؤهلين لأداء المهام المسنده إليهم.

5- خلق الولاء والالتزام لديهم تجاه المنظمه وأهدافها وفلسفتها وارتباطهم بها.

الفصل الثالث

النماذج الرئيسية في إدارة الموارد البشرية

النماذج الرئيسيه في إدارة الموارد البشريه

ظهرت في علم الإداره بشكل عام وبالتبعيه في الإداره المتخصصه ومنها إدارة الموارد البشريه أو إدارة أو إدارة الأفراد عدة نماذج نشأت عن مدارس في الفكر الإداري. هذه النماذج هي

- النموذج الليبرالي الغربي الكلاسيكي (C) أو النظريه الكلاسيكيه ومدارسها

- النموذج الليبرالي الغربي الحديث (L) أو النظريه الحديثه ومدارسها

- النموذج الياباني (J)

- النموذج الإسلامي (I)

وفي النموذج الكلاسيكي سنتحدث عن مدارس ونظريات هي

1- نظرية الإداره العلميه

2- النظرية البيروقراطيه

3- نظرية المبادئ الإداريه

وفي النموذج الحديث سنتحدث عن نظريات إداريه هي:

1- المدرسه السلوكيه في الإداره

2- نظرية اتخاذ القرارات

3- نظرية النظام

4- النظريه الموقفيه (الإداره الموقفيه).

5- نظرية الإداره بالأهداف

ثم نتحدث عن النموذج الياباني ومن ثم عن النموذج الاسلامي

نظرية الإداره العلميه[1] :

لقد اقترن اسم هذه النظريه بالعالم مزدريك تايلور وهنري جانب وفرانك وليم جلبرت وغيرهم

تقوم أسس نظرية الإداره العلميه على ما يلي:

1- طريقة مثلى العمل حيث وجود طريقة تعتمد على التدريب والسرعة والجهد القليل

2- تقييم العمل[2] :- أكدت النظريه على التخصص وتقيم العمل لإتقانه

3- دراسة الإجهاد: أي تحليل العمل بقصد القضاء على الجهد غير الضروري

4- تحديد كمية العمل اليومي

5- توكيل مهمة التخطيط للإدارة

6- اتباع الأسلوب العلمي في حل المشكلات

---

(1) أساسيات في الإداره د.سليمان اللوزي وآخرين دار الفكر عمان الأردن 1998 ص24

(2) Fridrick Tayler .the Principles of scientific management (N:Harper and brother 1911) P.6

الانتقادات الموجهه لهذه النظريه:

1- ليس هناك طريقه مثلى للعمل بمعزل عن طبيعة العمل.

2- تقييم العمل والتخصص قد يؤدي إلى السأم والملل ويحد من الابتكار.

3- إن الإجهاد البدني ليس هو المحدد لإنتاجيه الفرد لوحده فهناك أيضاً الإجهاد النفسي.

4- تجاهلت هذه النظريه العامل الإنساني في الإنتاج.

النظريه البيروقراطيه:

من رواد هذه النظريه العالم الألماني ماكس فيبر

أسس هذه النظريه[1] :

1- تقييم العمل

2- توزيع الأعمال على العاملين بعد تحديد واجباتهم تحديداً دقيقاً

3- التنظيم المكتبي للمستندات والقواعد والتعليمات

4- يختار العاملون على أساس الكفاءه والمعرفه الفنيه[2]

5- ضرورة الفصل بين الملكيه العامه والملكيه الشخصيه والتمييز بين دخل الفرد وثروته الشخصيه.

6- أن تتصف التعليمات بالتباين والعموميه والشمول

---

(1) Mouzelos.N.P. organization and Bureaugracy (Chicago Aldine, 1969) P.15

(2) إدارة المنظمه د.مهدي زويلف و د.علي الاعضان دارز مجدلاوي للنشر عمان الأردن 1996 ص21

نقد هذه النظريه:

1- أنها لا تختلف عن نظرية الإداره العلميه في عدم اهتمامها بالإنسان

2- عجز هذه النظريه عن استيعاب التنظيم غير الرسمي

3- لم تعترف هذه النظريه بأثر البيئه على التنظيم واعتبرت المنظمه نظاماً مغلقاً

نظرية المبادئ الإداريه:

سعى رواد هذه النظريه إلى الوصول إلى مبادئ إداريه يمكن تطبيقها لتحكم التنظيم في مختلف البيئات ومن روادها هنري فاول وجيمس موبي وآلن رايلي ولوثر كوليك زلندال أرويك.

مساهمات روادها:

هنري فايول: فرنسي الجنسيه أسهم في كتاباته بما يلي:

- قسم النشاطات في إدارة الأعمال إلى ستة أقسام:

1- نشاطات إنتاجيه

2- نشاطات تسويقيه

3- نشاتطات ماليه

4- نشاطات تتعلق بالموارد البشريه

5- نشاطات محاسبيه

6- نشاطات إدارية: تخطيط، تنظيم، توجيه، رقابه

أ- كما أوجد مبادئ إداريه وهي:

1- تقسيم العمل
2- السلطه والمسؤوليه
3- الالتزام بالقواعد
4- وحدة الأمر
5- وحدة الإتجاه
6- المصلحه العامه
7- المكافآت
8- المركزيه
9- تسلسل القياده
10- النظام
11- العداله.
12- روح الفريق
13- المبادأه
14- الاستقرار الوظيفي

ج- اعتقد أن العمليه الإدارية تتكون من

1- التخطيط
- التنظيم
- التوجيه
- التنسيق
- الرقابه

جيمس موني والن رايلي[1] : وهم من رجال الأعمال الأوبكيين وضعا أسس التنظيم وهي:

1- مبدأ التنسيق

2- مبدأ التدريج

3- المبدأ الوظيفي

4- المشوره والتنفيذ

لوثر كوليك وليفيدال أوروك:

وضعا كتابا بعنوان ((أبحاث في الإداره)) حددا عناصر الإداره بسبع وظائف وهي:

1- التخطيط

2- التنظيم

3- القوة العامله وإدارتها

4- التوجيه

5- التنسيق

6- إعداد التقارير

7- إعداد الموازنات

وأكدا على أهمية بعض المبادئ الإداريه وهي[2] :

1- وحدة الأوامر

2- الاستفاده من المشوره

---

(1) James Moomy and reiley and on word Industry (NY. Harper and Beo I hers Publishing 1933) P.29

((2) Urwick. The elements of Administration (NY: Harper and brother Publishing 1943) P.220

3- التقسيم الوظيفي للتنظيم

4- مبدأ توازن السلطه

5- نظام الإشراف

6- الملائمه بين الأفراد ووظائفهم

نقد هذه النظريه[1] :

1- تعارض بعض المبادئ الإداريه مع بعضها مثل مبدأ نطاق الاشراف ومبدأ تقليل عدد المستويات الإداريه.

2- بعض هذه المبادئ لا يمكن وضعها موضع التنفيذ مثل التخصص ووحدة الأمر.

3- وجود التشويش في مسميات المبادئ ودلالاتها إذ لايوضح كتابها ما المقصود بالمبدأ

4- يوجه البعض النقد إلى فاعلية هذه المبادئ

5- يرى بعض روادها بصلاحيتها من كل الظروف والأزمنه بينما يعتبرها الآخرون عوناً للإداريين في بعض الحالات

المدرسه السلوكيه في الإداره:

Behavioral School In Management

جاءت هذه المدرسه رد فعل مباشر على المدرسه الكلاسيكيه واهتمت بنوعين من الحركات:

(1) الإداره: د.فيصل فخري مراد دار مجدلاوي للنشر عمان الأردن 1983 ص47

1- حركة العلاقات الإنسانيه Human Relations Movement

2- حركة تنمية التنظيمات Organization Development

حركة العلاقات الإنسانيه: بدأت في العشرنيات والثلاثينيات من هذا القرن. في سنه 1918 عقد أول مؤتمر حول العلاقات الإنسانيه في الصناعه في ضواحي مدينة نيويورك وتكرر انعقاد هذا المؤتمر[(1)]

ويعتبر التون مايو (Elton Mayo) وزملاؤه ممن ترتبط اسماءهم بحركة العلاقات الإنسانيه من الرواد الأوائل الذين أعطوا دفعه عمليه لهذه الحركه. وقد أكد ألتون مايو وزميله روثليز برجر F.J. Roethlis berger أن حل المشاكل الإنسانيه في العمل يحتاج لدراسة السلوك الإنساني ومعرفته لقد جاءت هذه الحركه اهتماماً بالعنصر الإنساني Humanizing ويمكن إرجاع ظهور حركة العلاقات الإنسانيه إلى عدة عوامل منها:

1- تزايد قوة اتحادات العمال

2- تحسين أوضاع العمال الماديه والثقافيه

3- تطور المسؤوليه الاجتماعيه لأرباب العمل

4- تزايد المشاكل داخل منظمات الأعمال بفعل زيادة حجم التنظيمات الإداريه.

وقد تطورت حركة العلاقات الإنسانيه بشكل تدريجي في تناولها للنواحي النفسيه والمعنويه للعمال بصفتها محددات للانتاج.

---

(1) Keith Davis, Human Behaviour at work 4th Ed. (san Francisco Mc: Graw Hill Book Company. 1972) P.8

لقد تم الإهتمام بالروح المعنويه وبالناواحي النفسيه والاجتماعيه جاء نتيجة غير مباشره غير متوقعه لتجارب كانت تهدف إلى إختيار بعض افتراضات النظريه الكلاسيكيه التي تتعلق بأهمية ظروف العمل الماديه والأجور في تحديد الانتاجيه مثل تجارب هوثورن ونتائج المقابلات وملاحظة السلوك الاجتماعي

أما تجارب هوثورن Hawthorne Experiments والتي سميت لتجارب مصنع هوثورن لأنها تمت في مصانع هوثورن من شركة وستن اليكتريك في ولاية النيوي في أمريكا في عامين عام1924 و عام1927 والتي استمرت حتى الثلاثينيات فقد ركزت على تجربة الإضاءه وتجربة جدولة العمل وتجربة الأجور ولقد ثبت من هذه التجارب أن الروح المعنويه للعاملين أساسي لمستوى الكفايه الإنتاجيه ويعادل أهمية التغيرات التي تندرج تحت أحوال العمل الماديه. بل ثبت كذلك أن دلالة أي تغييرات في أحوال العمل الماديه لا تستمد من هذا المتغير في حد ذاته وإنما تستمد من أثر هذا المتغير في معنويات العاملين أي من أثر ذلك على الروح المعنويه للعاملين وقد بدأت الإداره الصناعيه تسأل الأسئله الصحيحه وبدأت ترى المشكله على حقيقتها وهو امر لا يقل أهميه عن الوصول إلى الإجابه الصحيحه

تجربة نتائج المقابلات:- في ضوء ما تقدم وإدراكها لأهميه العوامل غير الماديه في تحديد الانتاجيه تساءل البعض(1) إذا كانت الإداره غير مطلعه على حقائق الحاله المعنويه وإذا كانت هذه الحقائق لا توجد إلا في صدور العاملين فلماذا لا نتصل لإداره بالعاملين بصوره مباشره لكي تعرف هذه الحقائق. ولهذا فقد رتبت الإداره تجربه أخرى سميت بتجربه المقابلات وفق برنامج واسع النطاق وتقدر أن تشمل التجربه 1600عامل لغرض استخدام المقابله ونتائجها أداه لجمع المعلومات عن رأي العاملين

(1) إدارة الأفراد والعلاقات الصناعيه د.مهدي حسن زويلف بغداد -العراق -مطبعة الجامعه 1975 ص5

في العمل واحواله ليس في إزالة أسباب شكاوي العاملين كما عزمت على الاستفاده من هذه البيانات الواقعيه بصفتها ماده لتدريب ؟49؟ على علاقات العمل.

وقد فاقت النتائج كل توقعات الإداره، وكان أثرها المباشر تحسناً ملحوظاً في معنويات العاملين

تجربة ملاحظة السلوك الجماعي:

بعد تجربة المقابلات قامت الإداره الصناعيه بإجراء تجربه ترمي إلى اختبار السلوك الجماعي للعمال كمجموعه وليس كأفراد مستقلين[1] وكان من الممكن، استخدام أداة المقابلات وجمع البيانات عن شعور العمال كجماعه وعن نمط سلوكهم الجماعي غير أن المقابلات وحدها لا تكفي لذلك لا بد لمن يجري المقابلات من ملاحظة السلوك الجماعي في وفق العمل. وإلى علاقات العمال فيما بينهم وعلاقاتهم بالرؤساء والإداره بوجه عام. ومن هنا كان لا بد من استخدام طريقة الملاحظه المباشره إلى جانب طريقة المقابلات كإداره لجمع المعلومات عن سلوك الجماعات لقد أظهرت التجربه وجود تجمعات وتنظيمات غير رسميه تقوم على التحكم بالقوات الإنتاجيه لأفرادها المبدعين بحيث لا تجد المهاره العاليه ؟50؟ لها لإظهار أثرها على الانتاجيه.

حركة تنمية التنظيمات Organization Development:

تعد هذه الحركه امتداداً لحركة العلاقات الإنسانيه ولابحاث التون مايو وزملاءه.

(1) اللاقات الإنسانيه وإداره الأفراد د.عادل حسن منشأة المعارف الأسكندريه مصر 1963 ص146

ويعرف بعض المتخصصين تنمية التنظيمات بأنها جهد شمولي مخطط يهدف لتغيير العاملين وتطوير قيمهم ومهاراتهم وأنماط سلوكهم وتغيير التكنولوجيا والعمليات والهياكل التنظيميه وذلك لتطوير الموارد البشريه والإجتماعيه أو تحقيق الأهداف المحدده للتنظيم أو كليهما معاً. ويتفق أيضاً هذه الحركه على أنه يمكن تحقيق كافه حاجات الإنسان من خلال العمل في التنظيمات الحديثه لذلك يخلطون بين الإنسان ككائن متعدد الحاجات وبينه كموظف يؤدي دوراً وظيفياً ضرورياً لإشباع احدى الحاجات الرئيسيه له ألا وهي الحاجه الإقتصاديه لذا نجد مفكروا هذه المدرسه سيتحدثون عن حاجات تحقيق الذات وغيرها من المفاهيم الفلسفيه وكأنها هذه التنظيمات الرسميه. وقد وضع أصحاب حركة تنمية التنظيمات عدة نظريات حول هذا **الموضوع من هذه النظريات:**

نظرية الدافعيه:

توجه إهتمام مفكري الإداره في هذه المرحله من الإتجاه الهندسي الذي كان يرى العامل كياناً مادياً بحتاً يمكن التأثير على سلوكه أوتوماتيكياً من خلال الحوافز الماديه أو من خلال التعامل مع الظروف العمل الماديه إلى النظر إليه كإنسان له حاجاته ورغباته:

نظرية (Y-X) والافتراضات السلبيه والاجتماعيه حول الإنسان:-

لقد وضع دوجلاس ماكريجور Douglas Mc Gregor أنماط مثاليه حول مفهوم الإنسان وسلوكه. واصفاً واحد منها بافتراضات X السلبيه (التقليديه) والثاني بافتراضات Y الإيجابيه.

الافتراضات التقليديه (X)

تصف هذه النظريه النظره التقليديه للعامل وأنه لولا التوجيه للعامل والسيطره على إدارة وسلوكه لما تم ما تهدف إليه الإداره وذلك نتيجه لافتراضها عن حقيقه

النفس البشريه ومحددات السلوك التاليه على النحو التالي:

1- إن الإنسان بطبيعته سلبي ولا يحب العمل.

2- إن الإنسان كسول ولا يرغب في تحمل المسؤوليه في العمل

3- يفضل الفرد دائماً ان يجد شخصا يقوده ويوضح له ماذا يعمل

4- يعتبر العقاب أو التهديد به من الوسائل الأساسيه لدفع الإنسان للعمل أي أن الإنسان يعمل خوفاً من العقاب والحرمان وليس حباً في العمل.

5- تعتبر الرقابه الشديدة على الإنسان ضروريه كي يعمل حيث لا يؤتمن الفرد على شيء هام دون متابعه أو اشراف

6- يعتبر الأجر والمزايا الماديه اهم حوافز العمل

الافتراضات الإيجابيه (Y)

هذه النظريه تخالف وصف الناس بنعوت سلبيه، فنظرية Y إلى جانب إيمانها بدوافع العمل وحاجات العاملين تحاول تقديم فروض أخرى تفسر بعض مظاهر السلوك الإنساني على النحو التالي:-

1- تنظر للعاملين على طبيعتهم الحقيقه كبشر لم يخلقوا ضد آمال الإداره وأهدافها.

2- ليست الإداره هي التي تضع العاملين في مواضع الإحساس وتحمل المسؤوليات والزامهم بالعمل لتحقيق أهدافها بل ان كل ذلك مغروس أصلاً في نفوس العاملين.

3- إن الإنسان يطلب الحريه في العمل والتحرر من القيود وهو يفضل أن يكون قائداً وليس تابعاً.

4- آمنت الإداره بالأهداف بأن الإنسان يعمل آملاً في المكافأه لا خوفاً من العقاب.

نظرية سلم الحاجات لإبراهام ماسلو:

تقوم نظرية إبراهام ماسلوا A.H. Maslow على افتراضات (Y) فهو يرى أن الإنسان كائن مميز يسعى لتحقيق أهداف مهمه وأهمها تحقيق الذات ويقترن اسم ماسلوا بنظرية سلم الحاجات[1] التي ترى أن للعامل حاجات متعدده فهو انسان يطلب المزيد اذ ما أن يشبع حاجه واحده حتى يطالب بغيرها. ورتب ماسلو حاجات الإنسان على شكل هرم تبدأ أول حاجات الإنسان في قاعدته وتنتهي في قمته ولا ينتقل الإنسان من حاجه إلى حاجه بالتدرج إلا إذا أشبع الحاجه التي قبلها هذه الحاجات مرتبه من أسفل إلى أعلى على النحو التالي:

1- الحاجات الفسيولوجيه: مثل حاجة الإنسان إلى الطعام والتراب والكساء والجنس والنوم والماء والهواء

2- الحاجه للأمن: أي طمأنينة الإنسان على بقاء في عمله وأن يكون آمناً بين الجماعه

3- الحاجة للانتماء للجماعات: حيث يرغب الإنسان في أن يكون عضواً في جماعة أصدقاء أو رفاق أو نادي أو منتدى أو حزب

4- الحاجه إلى التقدير: حيث تحتاج إلى حب واحترام وتقدير الناس له

5- الحاجه لتحقيق الذات: أي ايجاد نفسه من خلال مواهب وأعمال ابداعيه

---

(1) A.H.Maslow "A Theory of Motivation" Psychological Review .50 (1943) P.370-396

وتبدو هذه الحاجات ككما ذكرنا في مثلث على النحو التالي:

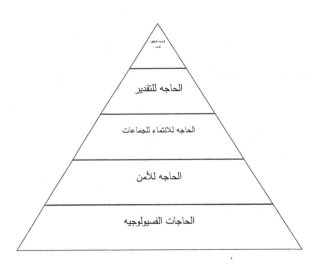

نظرية سلم الحاجات لماسلو

إن مغـزى ترتيـب هـذه الحاجـات بالشـكل الهرمـي هـو أن أهميـة هـذه الحاجـات تتـدرج، فالحاجات الفسيولوجيه هي في أدنى السلم ولكنها بالغة الأهميه إذا منعـت فـلا يمكـن أن نتوقـع مـن الإنسان الجائع أن يهتم بالحاجات الأعلى مثل الأمن والإنتماء للجماعات. وهكذا الحال بالنسبه لبـاقي الحاجات في السلم. وهذا ما يجب أن تنتبه له الإداره في محاولتها لإشباع حاجات العاملين

نظرية العوامل الوقائيه والعوامل الدافعيه (لفروديك هيرزبرغ):

Motivation –Hygiene Theory (Fredrick Herzberg)

ترتكز نظرية هيرزبرغ على دور العمل وظروفه في حياة الأفراد العـاملين. وقـد قـام هيرزبـرغ بدراسه استطلاعيه لمئتين من العاملين لفهم شعورهم حول اعمالهم.

وتوصل إلى تصنيف من العوامل:

- الفئه الأولى: العوامل الدافعيه

Satisfiers – Motivating Factors

- الفئه الثانيه: العوامل الوقائيه Dissatisfiers – Hygeine Factors:

وتشمل الفئه الأولى من العوامل الدافعيه مايلي:

- الحاجه للشعور بالانجاز Achievement

- الحاجه للشعور باعتراف الآخرين بأهمية دوره في التنظيم Recognition

- أهميه العمل وكونه ابداعيا وفيه نوع من التحدي Importance of work

- الرغبه في تحمل المسؤوليه وتحكم الشخص في وظيفته Sense of responsibility

- إمكانيات التقدم في الوظيفه Advancement Possibilities

- التطور والنمو الشخصي Personal Growth and Development

وتشمل الفئه الثانيه وهي العوامل الوقائيه مايلي:

- سياسة الشركه وادارتها Policy and Management Style

- نمط الاشراف Supervision

- العلاقات مع الرؤساء Superior –Subordinate Relationship

- ظروف العمل work Conditions

- الراتب Salary

- المركز الاجتماعي Social Status

- الأمن الوظيفي Job- Security

لقد بين هيرزبرغ إن وجود العوامل الدافعيه هو الذي يـؤدي إلى تحسـين الإنتـاج لأنهـا دوافـع ذاتيه أما العوامل الوقائيه فإن وجودها لا تثير الدافعيه ولا يؤدي لمزيد مـن الانتـاج بـل يمنـع حصـول حالة عدم الرضا مشاعر الاستياء أو التمرد أو الإضراب عن العمل. فوجود هذه العوامل يعتبر حداً ادنى لا بد من وجوده ويعتبر العاملين أساساً ولا يعتبر كرماً من الإداره

النظريات السلوكيه الأخرى:

إضافه إلى النظريات حول الدافعيه ظهـرت عـدة نظريـات عـلى اهميـة ألتفـات الإداره للأمـور المعنويه وتوفيرها الفرصه لإبداع العاملين وعدم التشدد في التعليمات وعدم التقيد بالهياكل التنظيميـه التقليديه التي لا تترك مجالات كبيرا للأفراد ليتصرفوا بطريقة تعبر عن أهدافهم ومصالحهم ومـن اهـم هذه النظريات:-

- نظرية النموذج المختلط لكرس أل جيرس:

  Mix Model Theory (Chris Argris

- نظرية الشبكه الإداريه لروبرت بليك وجون موثون

  Managerial Grid Theory: (Robert Blake and Jone Monton)

- النظريه الاهيراركيه (التنظيمات المرنه) لوران بينيس

  Non- Hierarchic Organization (warren Bennis)

نظرية النموذج المختلط **Mix Model**

يرى كرس أرجيرس (Chris Argyris) بأن هناك خصائص تنظيميـه إيجابيـه وخصـائص تنظيميـه سلبيه ويقوم إطار لإيجاد نوع من التكامل بين الأفراد والتنظيم عن

طريق تغيير التنظيم يناسب حاجات الأفراد للتجاوب مع التغيرات التنظيميه فيحدد فيما يسميه النموذج المختلط Mix model إطاراً تتمدد فيه الخصائص التنظيميه الايجابيه وما يقابلها من خصائص تنظيميه بالتنظيم أذى يرى أن من واجب الإداره هو الإنتقال بالتنظيم من الخصائص السلبيه إلى الخصائص الإيجابيه. وذلك عن طريق خلق جو من الانتفاح والثقه بين الأفراد العاملين في التنظيم وتحسين المناخ التنظيمي وتنميته روح الفريق والتعاون والتماسك بين الأفراد والتخلي عن نمط الأشراف السلطوي التقليدي واستبداله بالجماعات المؤقته التي تتشكل من مختلف المستويات الإداريه لتنفيذ الأهداف المقرره والشكل الثاني بين الخصائص السلبيه ويقابلها الخصائص الإيجابيه التي تشكل النموذج المختلط

الخصائص السلبيه	الخصائص الإيجابيه
1- سيطرة جزء من التنظيم على مجموع الأجهزه الفرعيه	1- وحدة التنظيم وتكامله من خلال العلاقات المتبادله بين الأفراد
2- الشعور بتعدد الاجزاء والاختلاف بينها	2- الشعور بالتجانس بين أجزاء التنظيم
3- تحقيق الاهداف الفرعيه للتنظيمات الفرعيه	3- تحقيق الاهداف العامه للتنظيم
4- عدم قدرة التنظيم على التأثير الداخلي لتحقيق الاهداف المرجوه	4- قدرة التنظيم على التأثير الداخلي لتحقيق الأهداف المرجوه
5- عدم قدرة التنظيم على التأثير الخارجي لتحقيق الأهداف المرجوه	5- قدرة التنظيم على التأثير الخارجي لتحقيق الأهداف المرجوه
6- تاثير طبيعة النشاطات الأساسيه فقط بالعوامل الآتيه	6- تاثر طبيعة النشاطات الأساسيه بعوامل الماضي والحاضر والمستقبل

نظرية الشبكه الإداريه (1) Managerial Grid لروبرت بليك موثون (Robert Blake and Jane Mouthon):

توفر هذه النظريه وسيله تدريبيه تركز على المديرين من أجل زيادة الإنتاج من خلال تحسـين المناخ التنظيمي وخاصه نمط الإتصالات والتخطيط. وأن هناك مشاكل تتم علاجها عـن طريـق تطبيـق برنامج من ست نقاط يسمى الشبكه الإداريه. تعـالج مراحـل الشـبكه الإداريـه الاتصـالات والتخطيط هذه النقاط او المراحل هي:-

1- المرحله الاولى: يتم في هذه المرحله تعريف كل مدير على نمط إشراف ومقارنه بنمط مثالي أفضل وترك لكل مدير أن يحدد لنفسه نمط إدارته وفق المقارنه.

2- تطوير فرق العمل Team Groups من أجل عمل أفضل بحيث تصبح المسئوليه جماعيه

3- تطوير العلاقات بين الجماعات المختلفه وتقليل التناقضات

4- العمل على إيجاد استراتيجيه تخطيطيه توصل التنظيم إلى مستوى أفضل

5- تنفيذ الاستراتيجيه التخطيطيه من خلال تطبيقها عملياً

6- تقييم التنفيذ ومعرفة النقاط القوة والضعف من أجل التطوير.

وتعرف الشبكه الإداريه بخمسة أنماط مختلفه للإشراف أفضلها النمط (9-9) الـذي يركـز فيـه علـى الإنتاج وعلى حاجات العاملين بشكل كبير كما في النموذج التالي:

(1) مبادئ الإداره د.محمد قاسم القريوتي دار وائل 2001 عمتان الاردن ص103

نموذج الشبكة الإدارية

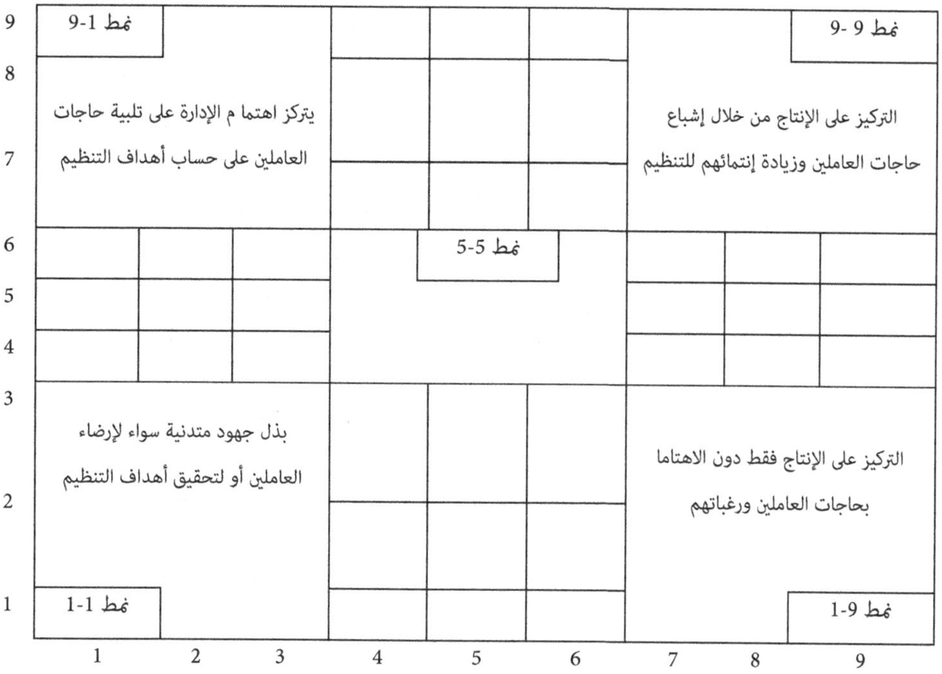

9	نمط 1-9							نمط 9- 9	
8									
	يتركز اهتما م الإدارة على تلبية حاجات						التركيز على الإنتاج من خلال إشباع		
7	العاملين على حساب أهداف التنظيم						حاجات العاملين وزيادة إنتمائهم للتنظيم		
6				نمط 5-5					
5									
4									
3									
	بذل جهود متدنية سواء لإرضاء						التركيز على الإنتاج فقط دون الاهتما		
2	العاملين أو لتحقيق أهداف التنظيم						بحاجات العاملين ورغباتهم		
1	نمط 1-1							نمط 9-1	
	1	2	3	4	5	6	7	8	9

النظريه اللاهيراركيه (التنظيمات المرنه) **Orgnazation Non-Hierarchic:**

يبرز اسم بينيس Warrner Bennis في المدرسة السلوكيه وحركة تنمية التنظيمات ليؤكد على الآثار السلبيه للبيروقراطيه الكلاسيكيه ومن السلبيات في هذا المجال هي أن التنظيمات التقليديه تؤدي إلى:

1- إعاقه النمو والتطور الشخصي للعاملين
2- تنمية الخضوع لنمط التفكير الجماعي Group think
3- إهمال دور التنظيم غير الرسمي على أهميته
4- تقادم أنماط السلطه والرقابه يشكل يؤثر سلباً على سلوك العاملين
5- إنعدام وسائل حل الخلافات وخاصه بين الجماعات الوظيفيه المختلفه
6- تسويه الإتصالات
7- عدم الإستغلال الكامل للطاقات البشريه بسبب شعور عدم الثقه
8- عدم استيعاب التكنولوجيا الجديده
9- الخمول وعدم الإبداع

ولتجنب هذه المشاكل يقترح بينيس ما يسميه جماعات العمل المؤقته أو نمط إداره المصفوفه Matrix Structure التي تتميز يتغير إدوار العاملين في جماعات العمل.

نظرية اتخاذ القرارات (النظريه الكميه في الإداره) **Quantitative Theory of Management Decision making Theory**

يتركز إهتمام أنصار هذه النظريه على إعطاء أهميه كبيره لعمليه اتخاذ القرارات

في الإداره. وبالتالي أصبح ينظر للإداره السليمه انها الإداره التي تعتمد المنهجيه التي تؤكد على ضرورة تحديد المشاكل وجمع المعلومات حولها واختيار بدائل الحلول والمفاضله بينها واتخاذه القرارات بشأن البديل الأفضل وقد أطلق اسم النظريه الكميه في الإداره Quantitative Theory على هذا المتوجه تعبيراً عن استناد القرارات والمعادلات الرياضيه وقد ارتبط هذا تتمثل بالأرقام والاحصاءات والمعادلات الرياضيه وقد ارتبط هذا التوجه العلمي في الإداره بعالم الإداره المشهور هربرت سايمون Herbert Simon الذي أكد على ضرورة عقلية عملية اتخاذ القرارات (Rationalizing) استناداً إلى عمليه عشوائيه تؤدي إلى الاضرار بالتنظيم. ولذلك فهو يرى ان الإداري شخص محدود العقلانيه يتخذ قرارات معقوله وليس قرارات مثلى بالضروره ويستند على ضرورة بحوث العمليات ومن أدواتها البرمجه الخطيه والتحليل الشبكي وصفوف الانتظار والمحاكاه ونقطة التعادل.

نظرية النظام[1] System Theory

جاءت مدرسة النظام (وجهة نظر متكامله) لتعوض النقص الذي حصل في المدارس السابقه التي درست الإداره من زوايا معينه جزئيه ولم تدرسها بشكل كلي عمومي شمولي. وبالتالي هذه المدرسه جاءت لتدرس المنظمه والإداره فيها على أنها كل متكامل. من خلال ما قدمه كل من "بيرثا لانفي" و "بولنج" و "سكوث" ومن أفكار عن المدخل المتكامل في دراسة الإداره The Integrative Approach والذي يشار إليه بنظرية التنظيم الحديثه

---

(1) الإداره أصول أسس ومفاهيم د. عمر وصفي عقيلي دار زهران للنشر والتوزيع عمان الاردن 1997 ص139

تعريف النظام:

النظام هو كيان إجتماعي نسميه بالمنظمه التي تتكون من مجموعه من الأجزاء المتفاعلـه مـع بعضها في سبيل تحقيق هدف معين كلي مشترك. وهذه الأجزاء تتشكل فيما بينها كلا متكاملاً. فالأجزاء ليست هامه في حد ذاتها ولكن المهم هو علاقاتها التباديله والإعتماديـه المتفاعلـه مـع بعضـها الـبعض. حيث أن هذا التفاعل هو محور مفهوم النظام.

الفكره الأساسيه لنظرية النظام:

تنظر هذه النظريه إلى المنظمـه عـلى انهـا نظـام مركـب يتكـون مـن أجـزاء متعـدده مترابطـه متفاعله يعتمد بعضها على بعض وتسعى جميعها إلى تحقيق هدف النظام الذي تعمل ضـمنه ويمكـن التعرف على هذه الاجزاء وتحديدها من خلال علاقتها بالهدف الذي يسعى النظـام إلى تحقيقـه وهـذا النظام يعمل ضمن نظام أكبر وأوسع شمولاً يتفاعل معه وهو المجتمع.

الأسس التي تقوم عليها نظرية النظام:

1- فكرة النظام المفتـوح The Open System Concept: تؤكـد هـذه النظريـه عـلى أن المنظمـه نظام مفتوح وليس مغلق فهي جزء لا يتجزأ من البيئه لأن هناك علاقه مستمره مع البيئه

2- عناصر النظام The System Elements: يتشكل النظـام الكـلي مـن مجموعـه مـن الأجـزاء يمكن أن يسمى كل واحد منها بنظام فرعي أو جزئي حيث تعمـل هـذه الأنظمـه الفرعيـه بشكل متفاعل ومتكامل مع بعضها في سبيل تحقيق الهدف الكلي للنظام.

3- مكونات النظام الفرعي (الجزئي) The Partial System contents: تعتبر مكونـات النظـام الفرعي الذي يعتبر جزءاً من النظام الكلي عن العناصر التي يتكون منهـا الجـزء ومجمـوع هذه المكونات يشكل النظام الكلي:

وفيما يلي هذه المكونات:

أ- أهداف النظام System Goals وهي ثلاثه أهداف مترابطه مع بعضها البعض وهي:

- النمو Growth

- الاستقرار Stability

- التفاعل Interaction

ب- الفرد The Individual هو الوحده الأساسيه في النظام الفرعي (الجزئي) الكلي وينظـر إليـه مـن خلال شخصيته Personality وتعرف الشخصيه بأنها مجموعه من الصفات الشخصيه والقدرات التي تملكها الفرد وتميزه عن الآخرين

ج- التنظيم الرسمي The Formal Organization: ويبرزه الهيكل التنظيمي والخريطه التنظيميه.

د- التنظيم غير الرسمي (Informal): هـذا التنظيم لا توضـحه الخريطـه التنظيميـه ويتكـون مـن جماعات غير رسميه تنبثق من مواقف العمل المختلفه.

هـ- الدور The Role: ويعبر عن سلوك محدد ومطلوب ومتوقع مـن قبـل كـل فـرد داخـل التنظيم الرسمي.

و- الهيكل المادي The Physical Structure: ويعبر عن المستلزمات والمتطلبات الماديه التي يحتاجهـا النظام والأفراد بداخله من أجل تحقيق الهدف.

4- عمليات الربط The Linking Processes: حيث أن النظام مكون من أجزاء

وحيث أن لكل جزء وجماعه وفرد فيه دور محدد يقوم به. وهذه الأجزاء والجماعات وفق الإداره التي يقومون بها تحتاج إلى عملية ربط بين بعضها البعض وتتم بوسائل متعدده منها عملية تحديد وتوصيف مهام ومسؤوليات وسلطات أنشطة الأجزاء والأفراد

5- استيراد الطاقه Energy Importing: ويقصد بالطاقه المدخلات Inputs والتي تتمثل كافة احتياجات النظام للوصول إلى انتاج السلطه أو الخدمه. من هذه المدخلات رأس المال والمواد الأوليه، والآلات، والقوى العامله.

6- أنشطة التحويلِ Activities: ويقصد بالتحويل مجموعه من العمليات الإنتاجيه التشغيليه التي يجري بموجبها تحويل المواد إلى منتجات وخدمات شكلها مغاير عندما كانت مدخلات. حيث أن عملية التحويل تضيف قيمه أكبر للمدخلات.

7- المخرجات Out puts: ويقصد بها الناتج من عملية التحويل، فالمخرجات إما أن تكون سلعاً او خدمات ويسميها البعض بالنتائج Out Comes. فالمنظمه الناجحه تقدم مخرجات يحتاجها إليها الناس.

8- مجال (حدود) النظام System Field: لا بد من تحديد حدود لأي نظام، فنظام الإنتاج في شركه ما مثلاً نجد أن الحدود تشمل الآلات المستخدمه في الإنتاج ومخازن المنتجات وعمال الإنتاج والنماذج والسجلات المستخدمه في الإنتاج وهكذا.

9- بيئة النظام The System Environment: يرتبط موضوع بيئة النظام ارتباطاً وثيقاً ومباشراً بموضوع حدوده. فكل ما يقع ضمن دائرة أو نطاق أو حدود النظام يعتبر جزء يتفاعل مع باقي الأجزاء فيه في سبيل تحقيق الهدف.

10- ديناميكية النظام The Dynamics Of The System: تعبر الديناميكيه عن نوعية التفاعل الذي يحدث للنظام سواء بين أجزاء داخل حدوده أو بين النظام وما يقع في بيئته خـارج الحـدود. وتمثل الديناميكيه دورة حياة النظام أو المنظمه وتنطبق على كافـة المـنظمات وأن أي خلـل في أي جزء من هذه الدوره يمكن أن يتسبب في تغيير الدوره التاليه تغييراً جذوريا.

11- التفاعـل مـع البيئـه والتغذيـه العكسـيه: The interaction with the environment and the feedback information: يمثّل الأنظمه الحيّه عادة إلى التكيّف والتوافق مع بيئتها بمعنـى أنهـا تكيف نفسها مع التغيرات في بيئتها حتى تحفظ على بقاءها وحين تفقد الأنظمه الحيّه هـذه الخاصيّه فإنها عادة تفقد وجودها ذاته.

أن تدفق المعلومات المرتده من البيئه تبين أن النظام قـد حقـق التـوازن. فالمعلومـات المرتـده تبقي النظام مزدهراً وتساعده في أن يعدل اتجاهه وفقاً للتغيرات البيئيه فالمعلومات هي بمثابه الموجه والمصحح لمسار المنظمه ويمكن تصور ما يبق في الشكل التالي:

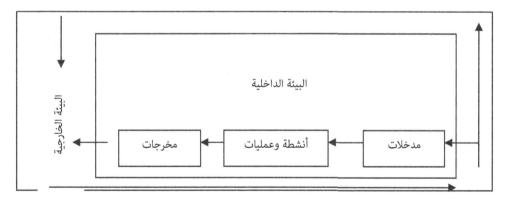

12-التخصـص Specialization تؤكـد نظريـة النظـام عـلى أهميـة التخصـص في الأدوار والمهـام والإدارات. وكلما زادت درجه التخصص تطلب الامر

زيادة درجه التنسيق لأحكام السيطره على العمل

13-الإداره Management: أوضح المفكر "تالكوت بارسونز" أن الإداره بمستوياتها الثلاثه المعروفه هي المسؤوله عن عملية التفاعل التي تحدث بين الأنظمه الفرعيه التي تعمل ضمن النظام الكلي. حيث أوضح أن مهمة الإداره العليا هي التخطيط الطويل ورسم السياسات لنشاط الأنظمه الفرعيه.

أما الإداره الوسطى: فمهمتها التنسيق في حين أن الإداره الدنيا أو المباشره تكون مسؤوله عن التنفيذ وتحقيق الأهداف ويكون هذا المستوى معزولاً نسبياً عن البيئه مقارنه بالمستويين السابقيين في حين أن المستوى الأعلى وأسماه بالمستوى القيادي يكون مفتوحاً على البيئه باستمرار.

نظرية الإداره الموقفيه Situational management

إن مداخل دراسة الإداره والمنظمه تشير إلى تطور ما سوف يصبح نظريه عامه للنظم ويشار إلى مثل هذه النظريه أو المدخل بالإداره الموقفيه أو يشار إليها بالنظريه الإجتماعيه أو الشرطيه Contingency Theory ويقوم هذا المدخل على مفهوم أساسي وهو أنه لا توجد مبادئ إداريه تطبق في كل المواقف التي تواجها الإداره وبمعنى آخر لا توجد طريقه مثلى للإداره تطبق في جميع المنظمات ولا يوجد أسلوب أو طريقه أفضل من طريقة أخرى أو أسلوب أفضل من أسلوب آخر. ولا يوجد شيء أمثل في الممارسة الإداريه يمكن اتباعه في كافة المواقف والظروف. وفي كل زمان ومكان لأن لكل منظمه ظروفها الخاصه ولكل موقف يواجه الإداره أسلوب للتعامل معه يختلف عن المواقف الأخرى كما يختلف أسلوب التعامل من منظمه إلى أخرى ولذلك سميت هذه النظريه بالنظريه أو الإداره الموقفيه.

نظرية الإداره بالأهداف[1] Management of Objectives Theory

تقوم نظرية الإداره بالأهداف على أساس المشاركه في اتخاذ القرار لتحقيق أهداف يتفق عليها الرئيس والرؤوس. وتعتبر نظرية الإداره بالأهداف كأسلوب غير تسلطي في الإداره يأخذ بالإعتبار العوامل النفسيه وهي نظرية في الإداره وتقييم المنجزات معاً.

خطواتها:

1- يتفق الرئيس والمرؤوس على تحددي النتائج المتوقع الوصول إليها خلال فتره زمنيه محدده.

2- يبقى الرئيس والمرؤوس ملتزمين بتلك الأهداف ليسجل الرئيس مدى التزام المرؤوس بتلك الأهداف.

3- ما أن تحل نهايته السنه التخطيطه يعمد الرئيس إلى مقابلة المرؤوس للتعرف على تلك القرارات من أجل عدم تكرار الخاطئه والمكافأه على الإبداع

كيفية التطبيق:

لا بد من خطوات تمهيديه للتطبيق منها

1- زيادة التفويض في الصلاحيات وابتعاد عن المركزيه

2- إغناء العمل وتوفير حرية الحركه وتشجيع الابداع

---

(1) إدارة الأفراد منظور كمي والعلاقات الإنسانيه د.مهدي حسن زويلف دار مجدلاوي للنشر والتوزيع عمان الأردن 1994ص210

مزيد من المشاركه في الإداره

3- الإيمان بإنسانية الإنسان

النمــوذج اليابــاني نمــط (J) (المدرســة اليابانيــه في الإداره) The japanees
Management school:

تركز المدرسه اليابانيه في الإداره على مفاهيم إداريه تهدف إلى إحداث تكيف اجتماعي تعاوني مميز بين الأفراد داخل المنظمه وبشكل يكون متماشياً ومتوافقاً مع الفلسفه الإداريه التي تـؤمن بها. والمدرسه اليابانيه تنظر إلى المنظمه على أنها سلوك اجتماعي انساني جماعي تندمج فيه أنمـاط السلوك الفردي في سلوك جماعي كلي على شكل كيان اجتماعي تعاوني منسجم وتعتبر التجربـه اليابانيـه مثال إعجاب الكثير ومرد ذلك إلى الطبيعه اليابانيه والمنظمات الفكريه والثقافيه للمجتمع اليابـاني لـذلك فـلا بد من النظر إلى ما يلي:

1- القيم الروحيه والثقافيه للشعب الياباني والتي تظهر في

أ- العائله القائمه على الحب والإحترام

ب- العمل المشترك بين المدراء والعمال

ج- السلوك اليومي الجيد للعامل الياباني

د- الاهتمام بالعنصر البشري

ه- المسئوليه الإجتماعيه للمنظمات اليابانيه

و- ضبط النفس والتواضع

2- أثر القيم الروحيه على الممارسات الإداريه في اليابان مثل

أ- عمليه اتخاذ القرار التي تتم بالمشاركه

ب- المسئوليه الجماعيه تجاه المنظمه والمجتمع

3- أثر القيم الروحيه على التنظيم والمناخ التنظيمي في اليابان حيث تتصف نماذج النظام في اليابان بالمرونه والمناخ السائد في المنظمه يتصف بأنه موحد ويوفر الاستقرار للموظف

وقد ركزت المدرسه اليابانيه في الإداره على المفاهيم الإداريه والإجتماعيه التاليه:-

1- المنظمه خليه اجتماعيه متماسكه متألقه على شكل العشيره

2- تؤمن المدرسه اليابانيه بأسلوب العمل الجماعي التعاوني

3- نجاح العمل الجماعي والتعاوني يعتمد على توفر درجه عاليه من الثقه بين أعضاء المنظمه في كافة المستويات الإداريه

4- تنادي المدرسه اليابانيه بضرورة توفير أكبر فور ممكن من العداله والموضوعيه في معامل الإداره مع المرؤوسين

5- تؤكد المدرسه اليابانيه انطلاقاً من مفهوم العمل الجماعي على أن تكون عمليه اتخاذ قائمه على أساس المشاركه الجماعيه

النموذج الإسلامي (نمط I) أو المدخل الإسلامي (نظرية الإداره في الإسلام)[1]

لقد استعرضنا في فصول سابقه النماذج الإداريه المختلفه ابتداء من الكلاسيكيه إ

(1) الإداره الحديثه مصطفى نجيب شاويش دار الفرقان 1993 عمان الأردن ص140

لى المدرسه السلوكيه أي النظام اللبرالي الحديث (نموذجL) واستعرضنا النموذج الياباني (نموذج أو نمط J) وظهر لنا من خلال استعراض مدارس الفكر الإداري المختلفه الواحده تلو الأخرى كيف أن كل مدرسه انتقدت سابقتها وجاءت بما يصحح مسارها وأضافت إليها أو حسّنت عليها أو جاءت بنمط إداري جديد. وفي هذا سنرى رأي المدرسه الإسلاميه أو النموذج الإسلامي (نمطI) أي نظرية الإداره في الإسلام للوقوف على الفرق بين هذا النمط والأنماط السابقه اللبراليه واليابانية بمدارسها المتعدده المختلفه ولنقف على وجهه نظر الإسلام في الأخلاق والسياسه والاقتصاد والإداره بما في ذلك الموارد البشريه.

فإن كانت هناك ميزه أو مزايا لنظرية الإداره في الإسلام على سائر النظريات الأخرى فهي:

أولاً: لأنها من وضع العزيز الحكيم والعلي القدير الذي لا يأتيه الباطل من خلفه ولا من بين يديه ومن أصدق من الله قولاً.

ثانياً: تركيزها على جميع المتغيرات التي تؤثر في العمليه الإداريه داخل المنظمه وخارجها وربط سلوك الفرد العامل بالمؤثرات الاجتماعيه.

لقد أدخلت نظرية الإداره في الإسلام بعداً اجتماعياً هاماً ومؤثراً على السلوك الإداري داخل المنظمه وهو البُعد الأخلاقي إذ يخاطب تعالى رسوله محمد صلى الله عليه وسلم قائلاً:
(وَإِنَّكَ لَعَلى خُلُقٍ عَظِيمٍ)آيه 4 من سورة القلم وقوله تعالى (وَلَوْ كُنْتَ فَظًّا غَلِيظَ الْقَلْبِ لَانْفَضُّوا مِنْ حَوْلِكَ فَاعْفُ عَنْهُمْ وَاسْتَغْفِرْ لَهُمْ وَشَاوِرْهُمْ فِي الْأَمْرِ) الآيه 159 من سورة آل عمران.

خصائص نظرية الإداره في الإسلام[1]

1- نظرية الإداره في الإسلام نظريه مرتبطـه بالفلسـفه الاجتماعيـه للمجتمـع الإسـلامي ومرتبطـه بأخلاقيات وقيم المجتمـع الإسـلامي (المتغـير الاجتماعـي الأخلاقـي) وإنّ مـن أوائـل وظـائف النظام الاجتماعي الاسلامي المتمثـل في الدولـه الإسـلاميه أن تـوفر للفـرد ذلـك المنـاخ الملائـم ليحقق الفرد تنفيذاً أحكام الله تعالى.

تعمل الإداره في الإسلام على إشباع حاجات العامل الماديه مادام يؤدي مسؤولية بأمانه حيث تنظر الإداره في الإسلام إلى الوظيفه على أنها أمانه ومسؤوليه شخصيه لدى الفرد والعامل لقوله تعالى (إِنَّ اللَّهَ يَأْمُرُكُمْ أَنْ تُؤَدُّوا الْأَمَانَاتِ إِلَى أَهْلِهَا وَإِذَا حَكَمْتُمْ بَيْنَ النَّاسِ أَنْ تَحْكُمُوا بِالْعَدْلِ) الآيه 58 من سورة النساء. وقد فسّرت كلمة "الأمانات" الوارده في هذه الآيه بأنها الوظائف العامه. وتتطلب الأمانه أن توكل الوظيفه بسلطاتها ومسؤولياتها للشخص الكفؤ الأمين الذي يبتعد عن النظم واستغلال الوظيفه. لمحسوبيه أو رشوة أو خيانه. والفرد والعامل في المجتمع الإسلامي مسؤول عن تصرفاته وإذا ما أتم عمله بأمانه وجب على صاحب العمل أن يوفيه أجره بقدر عمله ونظرية الإداره في الإسلام تدعوا إلى الرفق بالعامل وعدم تكليفه مالا يطيق لقوله تعالى (لَا يُكَلِّفُ اللَّهُ نَفْسًا إِلَّا وُسْعَهَا لَهَا مَا كَسَبَتْ وَعَلَيْهَا مَا اكْتَسَبَتْ) الآيه286 من سورة البقره.

---

(1) نظرية الإداره في الإسلام -نظريه متكامله لمعالجة السلوك الإداري عمان المنظمه العربيه للعلوم الإداريه -جامعـه الدول العربيه 1981 ص37-ص60

1- تأخذ الإداره في الإسلام بمبدأ الشورى والمشـاركه في الإداره واحـترام كرامـة الإنسـان العامل. ويشكل هذا المبدأ أحد مقومات وخصائص النظريه الإداريـه في الإسـلام - والشورى والمشاركه من الأمور التي يجب الالتزام بها امتثالاً لقوله تعالى :وَأَمْرُهُمْ شُورَىٰ بَيْنَهُمْالآيه38 من سورة الشورى

اهتمام نظرية الإداره في الإسلام بالسلطه الرسميه والتنظيم الإداري والطاعه بالمعروف. لقد عرف الإسلام التنظيم الجماعي وما يتطلبه من تدرج رئاسي للسلطه قبل أن يفطن إليها غيره. يقول صلى الله عليه وسلم الرسول محمد ((إذا خرج ثلاثة في سفر فليؤمروا عليهم أحدهم)). إنّ التدرج الرئاسي في الإسلام يستند إلى تدرج الأعمال وثقافاتها في العلم والإدراك والمعرفه. لقوله تعالى(نَرْفَعُ دَرَجَاتٍ مَنْ نَشَاءُ إِنَّ رَبَّكَ حَكِيمٌ عَلِيمٌ) الآيه76 من سورة يوسف ويقول تعالى: (يَرْفَعِ اللَّهُ الَّذِينَ آمَنُوا مِنْكُمْ وَالَّذِينَ أُوتُوا الْعِلْمَ دَرَجَاتٍ وَاللَّهُ بِمَا تَعْمَلُونَ خَبِيرٌ) الآيه11 من سورة المجادله. والطاعه لولي الأمر في الإسلام مسأله ضروريه لتنظيم الحياه وسيرها لقوله تعالى: يَا أَيُّهَا الَّذِينَ آمَنُوا (أَطِيعُوا اللَّهَ وَأَطِيعُوا الرَّسُولَ وَأُولِي الْأَمْرِ مِنْكُمْ) [النساء: 59].

وعبارة أولى الأمر منكم عامه وتشمل جميع المسؤولين حكاماً أو مدراء دوائر أو رؤسـاء أقسـام أو مشرفين أو مراقبين.

نظرية الإداره في الإسلام ووظائف الإداره:

إن وظـائف الإداره كـما هـي معروفـه في الفكـر الإداري بمدارسـه المختلفـه وهـي التخطـيط والتنظيم والتوجيه والرقابه وردت في وجهة نظر الإسلام ونظريته في الإداره.

1- ففي مجال التخطيط سواء القصير الأجل أو المتوسط الأجل أو الطويل الاجل. جاء في القرآن الكريم فقرآن الكريم حثّ على التخطيط القائم على أساس من الإمكانات المتاحه وصولاً إلى هدف محدد حيث يقول سبحانه وتعالى في الآية60 من سورة الأنفال: (لَهُمْ مَا اسْتَطَعْتُمْ مِنْ قُوَّةٍ وَمِنْ رِبَاطِ الْخَيْلِ تُرْهِبُونَ بِهِ عَدُوَّ اللَّهِ وَعَدُوَّكُمْ وَآخَرِينَ مِنْ دُونِهِمْ لَا تَعْلَمُونَهُمُ اللَّهُ يَعْلَمُهُمْ) . وبيّن سبحانه وتعالى ضرورة قيام الإنسان بجمع المعلومات الصحيحه في التخطيط لأعماله ولا يجوز الإعتماد على الظن لأن ذلك يظلهم عن أهدافهم قال سبحانه وتعالى في سورة يونس آيه36 (وَمَا يَتَّبِعُ أَكْثَرُهُمْ إِلَّا ظَنًّا إِنَّ الظَّنَّ لَا يُغْنِي مِنَ الْحَقِّ شَيْئًا إِنَّ اللَّهَ عَلِيمٌ بِمَا يَفْعَلُونَ) وفي صنع القرآن التهاني بعد استقصاء المعلومات وموازنة الأفعال قال تعالى في سورة آل عمران آيه159 ((وَشَاوِرْهُمْ فِي الْأَمْرِ فَإِذَا عَزَمْتَ فَتَوَكَّلْ عَلَى اللَّهِ إِنَّ اللَّهَ يُحِبُّ الْمُتَوَكِّلِينَ)وكان الرسول محمد صلى الله عليه وسلم يحض الناس على مواجهة المستقبل أي التخطيط "فيقول اعقل وتوكل" وهناك دلائل كثيره على تقدم الفكر الإداري في الإسلام في مجال التخطيط طويل المدى

وقصير المدى. يقول الخليفه علي بن أبي طالب كرّم الله وجهه: ((أعمل لدنياك كأنك تعيش أبداً (تخطيط طويل المدى) واعمل لآخرتك كأنك تموت غداً (تخطيط قصير المدى))

2- أما في مجال التنظيم فهناك آيات في القرآن الكريم تشير إلى التنظيم مقارنة بالفكر الإداري الحديث.

يقول سبحانه وتعالى في سورة التوبة الآيه71 وَالْمُؤْمِنُونَ وَالْمُؤْمِنَاتُ بَعْضُهُمْ أَوْلِيَاءُ بَعْضٍ يَأْمُرُونَ بِالْمَعْرُوفِ وَيَنْهَوْنَ عَنِ الْمُنْكَرِ وَيُقِيمُونَ الصَّلَاةَ وَيُؤْتُونَ الزَّكَاةَ وَيُطِيعُونَ اللَّهَ وَرَسُولَهُ أُولَئِكَ سَيَرْحَمُهُمُ اللَّهُ إِنَّ اللَّهَ عَزِيزٌ حَكِيمٌ) ولو تأملنا في الفكر الإداري وما ورد التدرج الهرمي في التنظيم وما يصاحبها من سلطات ومسؤوليات نجد في سورة الأنعام الآيه165 والزخرف الآيه32 تكرار قوله تعالى تقسيم الناس ووضعهم في درجات وفقاً لتمايزهم من حيث القدرات. فورد في الآيه الأولى قوله تعالى (وَهُوَ الَّذِي جَعَلَكُمْ خَلَائِفَ الْأَرْضِ وَرَفَعَ بَعْضَكُمْ فَوْقَ بَعْضٍ دَرَجَاتٍ) وفي الآيه الثانيه قوله تعالى (نَحْنُ قَسَمْنَا بَيْنَهُمْ مَعِيشَتَهُمْ فِي الْحَيَاةِ الدُّنْيَا وَرَفَعْنَا بَعْضَهُمْ فَوْقَ بَعْضٍ دَرَجَاتٍ لِيَتَّخِذَ بَعْضُهُمْ بَعْضًا سُخْرِيًّا)

3- أما فيما يتعلق بالتوجيه والإشراف لدفع الأفراد المعاملين للمزيد من العطاء ومشاركتهم في العمل وديموقراطية الإداره يقول تبارك وتعالى في سورة النحل الآيه125 (ادْعُ إِلَى سَبِيلِ رَبِّكَ بِالْحِكْمَةِ وَالْمَوْعِظَةِ الْحَسَنَةِ وَجَادِلْهُمْ)

بِالَّتِي هِيَ أَحْسَنُ إِنَّ رَبَّكَ هُوَ أَعْلَمُ بِمَنْ ضَلَّ عَنْ سَبِيلِهِ وَهُوَ أَعْلَمُ بِالْمُهْتَدِينَ)

4- أما فيما يتعلق بالرقابه، فالإسلام يأخذ أولاً بمبدأ رقابة الضمير أي الرقابه الذاتيه النابعه عن خشية الله وراحة النفس. وثانياً بمبدأ رقابة الغير (أي الرقابه الخارجيه). وهذان النوعان من الرقابه أجملهما الله تعالى في الآيه105 من سورة التوبه بقوله (اعْمَلُوا فَسَيَرَى اللَّهُ عَمَلَكُمْ وَرَسُولُهُ وَالْمُؤْمِنُونَ وَسَتُرَدُّونَ إِلَى عَالِمِ الْغَيْبِ وَالشَّهَادَةِ فَيُنَبِّئُكُمْ بِمَا كُنْتُمْ تَعْمَلُونَ)

وقد عرف عن عمر بن الخطاب رضي الله عنه أنه كان دائماً على علم بأفعال من نأى عنه من عماله (ولاته) ورعيته كعلمه بالقريبين منه.

كما أن الله سبحانه وتعالى يحث الناس على تقييم أعمالهم لتعرفوا على مواطن الخطأ فيها حيث يقول تعالى في سورة الكهف الآيتين103، 104 (قُلْ هَلْ نُنَبِّئُكُمْ بِالْأَخْسَرِينَ أَعْمَالًا (103) الَّذِينَ ضَلَّ سَعْيُهُمْ فِي الْحَيَاةِ الدُّنْيَا وَهُمْ يَحْسَبُونَ أَنَّهُمْ يُحْسِنُونَ صُنْعً)

مقارنة بين الإتحاد التقليدي والحديث لمدارس الفكر الإداري ACOMPARISTION CONCEPT SCHOOLS BETWEEN TRADITIONAL AND MODERN MANAGIRIAL

بعد استعراض المفاهيم الإدارية والإجتماعية والسلوكية التي قدمتها لنا مدارس الفكر الإداري على مدار قرن من الزمن تقريباً، نجد من الأهمية بمكان أن نجري تلخيصاً على شكل مقارنة بين أهم وأبرز هذه المفاهيم التي قدمتها لنا المدرسة التقليدية والحديثة في مجال الإدارة وفق ما يلي[1] :

الإتجاه التقليدي	الإتجاه الحديث
1- ديناميكية آليه (الإنسان آله)	- ديناميكية اجتماعية (الإنسان مخلوق اجتماعي بطبيعته وفطرته).
2- الخلية الأساسية التي تتكون منها المنظمة الفرد	- خلية العمل الأساسية الجماعة.
3- المنظمة مكان للعمل	- المنظمة مؤسسة اجتماعية بالدرجة الأولى وهي مكان للعمل والحياة معاً
4- السلطة الرسمية	- سلطة رسمية وغير رسمية بآن واحد
5- النفوذ والاجبار والاكراه	- قبول السلطة
6- أسلوب التحفيز والمكافأة والعقاب	-أسلوب التحفيز بالإقناع
7- رقابة صارمة خارجية	- رقابة معتدلة والتركيز على الرقابة الذاتية
8- قيادة أوتوقراطية متشددة	- قيادة ديمقراطية
9- قرارات فردية	- قرارات جماعية تعتمد على المشاركة
10- المسؤولية الفردية	- المسؤولية جماعية

(1) الإداره عمر وصفي عقيلي دار زهران عمان الاردن 1997 ص159

11- مركزية السلطة	- لا مركزية السلطة وتفوض لها
12- الوظيفة مصدر للرزق والعيش فقط	- الوظيفة مركز اشباع ورضا مادي ومعنوي
13- الحوافز مادية فالإنسان بطبعه مادي	- الحوافز مادية ومعنوية بآن واحد
14- الربح وتعظيمه بكافة السبل والوسائل	- الربح إلى جانب المسؤولية الإجتماعية للإداره نحو العاملين والمجتمع
15- مقاومة وعدم اعتراف بالتنظيم غير الرسمي	- اعتراف بالتنظيم غير الرسمي وضرورة التقرب إليه
16- لا اعتبار للمواقف والظروف فالتنظيم ميكانيكي كل شيء محسوب بشكل مسبق	- الإدارة الحديثة هي إدارة موقف فلكل ظرف له ما يناسبه
17- محاولات للوصول إلى مبادئ عامة في الإدارة	- محاولات للوصول إلى مبادئ خاصة بظروف معينة انطلاقاً من مبدأ السبب والنتيجة
18- الاتصال باتجاه واحد وهو وسيلة لنقل الأوامر والتعليمات	-الاتصال وسيلة للتفاهم والمشاركة والتنسيق وهو في اتجاهين
19- المنظمة نظام مغلق (فصل بين المنظمة والبيئة).	- المنظمة نظام مفتوح وهي جزء من البيئة تتأثر بمتغيراتها
20- نظرة جزئية للمنظمة	- نظرية كلية للمنظمة قائمة على أساس التكامل بين الأجزاء
21- التخصص ضيق	- التخصص واسع
22- الرشد والمثالية (الرجل الاقتصادي)	- الواقعية (الرجل الإداري)

الفصل الرابع

نظام تخطيط القوى العامله

نظام تخطيط القوى العامله

يعتبر التخطيط الوظيفة الرئيسية الأولى في العملية الإدارية والتي تقوم بها إدارة المشروع إلى جانب التنظيم والتوجيه والرقابه. أما الموارد البشرية أة إدارة الأفراد فهي كوحده إدارية مستقله ضمن الهيكل التنظيمي للمنشأه تقوم أيضاً بنفس وظائف الإداره ككل من نواحي التخطيط والتنظيم والتوجيه والرقابه. وفي هذا الفصل سنتعرض لدراسة وظيفه رئيسية أولى من وظائف إدارة الموارد البشرية أو إدارة الأفراد وهي تخطيط القوى العامله بما يشمل ذلك من وضع أهداف لدائرة الموارد البشرية وما هو المطلوب من العاملين وما هي أدوارهم وكيف يتم الحصول عليهم من مصادر مختلفه وتحديد أهدافهم وتحديد السياسات والإجراءات اللازمه لتنفيذ الأعمال الموكله إليهم ونظام تخطيط المستقبل الوظيفي لهؤلاء الأفراد ضمن المنظمه ككل.

مفهوم تخطيط القوى العامله:

لقد عرف تخطيط القوى العامله من أنه وسيله لضمان الحصول على الأفراد اللازمين لسير العمليات الإنتاجيه والتسويقيه والإداريه المختلفه خلال فتره زمنيه مستقبليه من كفاءات محدوده وبأعداد معينه[1]

ويعرفها ستينر (Stainer) بأنها:

((استراتيجي الحصول على موارد المنظمه البشريه واستخدامها وعرضها)) [2] . وعرفها البعض بأنها ((الموازنه بين عرض القوى العامله والطلب عليها)).

لذلك فإن ما تركز عليه عملية تخطيط القوى العامله التنبؤ باحتياجات القوى

(1) إدارة الأفراد لرفع الكفاءه الإنتاجيه د.علي السلمي دار المعارف القاهره مصر 1970 ص35

(2) Stainer .J-Man Power Planning, London, William Heine 1970 P.3

العامله وعلى مختلف المستويات وذلك لضمان الحصول عليها وفق خطه زمنيه محدوده.

أهمية تخطيط القوى العامله وأهدافها[1]

تكمن أهمية تخطيط القوى العامله بالأهداف المتعدده التي تهدف إليها وهي:-

1- العنايه بالإنسان: فالإنسان يمثل أغلى ما تملكه الطبيعه كونه عنصراً مزيداً يصنع الحياه ويحقق الإنتاج.

2- تقدير المهارات والقدرات للنمو الإقتصادي: إن تخطيط القوى العامله يتضمن دراسة ما يمكن أن يعرضه سوق العمل ومتى يمكن أن تستوعبه القطاعات الإقتصاديه المختلفه من القوى العامله المتاحه.

3- تحقيق العماله الكامله: أي اخضاع خطة التنميه الإقتصاديه لمتطلبات خطة التنميه البشريه.

4- رفع نصيب الفرد من الناتج القومي: ويتطلب ذلك زيادة إنتاجية الفرد في مختلف القطاعات الإقتصاديه

5- التخطيط للتعليم والتدريب: وذلك باعتبار التعليم والتدريب العامل المؤثر من جانب الموازين البشريه التي يتضمنها تخطيط القوى العامله.

6- الإستقرار السياسي والإجتماعي:- إن تخطيط القوى العامله الذي يمنع عرقلة الإنتاج ويساعد على اختيار المشروعات التي تزيد من استخدام الأيدي العامله أو مكننة العمليات لتفادي النقص في القوى العامله يؤدي إلى

---

(1) إداره الأفراد في منظور كمي د.مهدي حسن زويلف مكتبة الأقصى عمان الأردن 1983 ص49

الإستقرار السياسي والإجتماعي للمجتمع والدوله.

7- كفاءة العمليات الإنتاجيه:- إن أبعاد تخطيط القوى العامله وأهدافه على مستوى منظمة الأعمال لها أثر كبير على كفاءة العمليات الإنتاجيه كتحديد كلفة العمل وتقدير الكلفه الكليه للإنتاج.

8- اتباع الأسلوب العلمي في إيجاد سياسات الأفراد إن تخطيط القوى العامله وبحوثه التطبيقيه يؤدي إلى تسليح صانعي سياسات وقرارات الأفراد بأساليب وطرق البحث العلمي ومن ثم كفاءة وفعالية هذه السياسات والقرارات.

متطلبات تخطيط القوى العامله:

إن من أهم المشاكل التقليديه التي تواجه عملية تخطيط القوى العامله في الدول الناميه هي:-

1- إنعدام المصادر الإحصائيه أو قلتها: حيث تشكل المصادر الإحصائيه عادة الحجر الأساسي في كل عملية تخطيط لذا فإن قلة انعدام هذه المصادر يشكل عائق أمام تخطيط القوى العامه.

2- وضوح الأهداف العامه لسياسات التنميه القوميه: إن تخطيط القوى العامله يعتبر جزءاً مكملاً للتخطيط الإقتصادي لذا فهو يتطلب منها للأهداف العامه لسياسات التنميه القوميه.

3- توفر صفة الإستثماريه في الخطط ومستلزماتها: نظراً لكون التخطيط بصوره عامه يتصف بصفة الإستمراريه فلا بد من تهيئة الظروف لتحقيق هذه الإستثماريه.

4- توفر الأسس الفنيه: إن نشاطات التخطيط سيشوبها الغموض ولن تتحقق أهدافها إن لم تعتمد على الأسس الفنيه الضروريه كتعداد السكان والدراسات

الإجتماعيه ونظام التصنيف المهني.

مستويات تخطيط القوى العامله:

يتم تخطيط القوى العامله على مستويات مختلفه ومتكامله هي:

1- التخطيط للقوى العامله على مستوى المنظمه: وهو وسيلة حصول المنظمه على الأفراد اللازمين لسير العمليات الإداريه والإنتاجيه خلال فتره زمنيه لتحقيق اهداف محدده

2- تخطيط القوى العامله على مستوى القطاع: يتم تخطيط القوى العامله على مستوى القطاع بتصنيف القطاعات عادة على أساس التخصص النوعي كقطاع الزراعه والصناعه والنقل.

3- التخطيط الإقليمي للقوى العامله:- التخطيط الإقليمي يقوم على ركائز متعدده كالتجانس الإجتماعي أو الإقتصادي أو الجغرافي وليس على الحدود السياسيه والإعتبارات الإداريه.

4- التخطيط القومي للقوى العامله:- إن هذا النوع من التخطيط يمثل سمة النهج المركزي حيث تتولى الأجهزه المركزيه في الدوله مهمة التخطيط القومي وهو يقوم على أساس أن الدوله تمثل وحده سياسيه واقتصاديه واجتماعيه أي يتم العرض والطلب على نطاق الدوله كلها كوحده متكامله.

مصادر القوى العامله: (Man Power Sources)

بعد أن تكون المنظمه قد حددت احتياجاتها للقوى العامله عن طريق تخطيط القوى العامله وطبقاً لدراسات علميه ثابته وبنيت متطلبات أو مؤهلات من يشغل الوظيفه Job Specification وحددت وصف العمل ذاته Job Prescription عن

طريق تحليل العمل Job Analysis فهي هنا ستبدأ بالبحث عمّن سيشغل الوظائف الشاغره والبحث عن مصادر القوى العامله من العمليات الإداريه الهامه والحيويه في إداره الأفراد وتدبير القوى البشريه يقتضي التعرض لمصادر هذه القوى Man Power Sources والتي يمكن تقسيمها إلى مصدرين رئيسين مصادر داخليه ومصادر خارجيه[1]

المصادر الداخليه:

من المصادر الداخليه البحث عن المؤهلين للعمل من داخل المؤسسه أو ما يسمى بسياسة الترفيع من الداخل. وذلك لإتاحه الفرصه للعاملين في داخل المنظمه بتحسين ظروفهم والإستفاده منهم وتتبع هذه السياسة بالنسبه لشغل المراكز الكتابيه والإشرافيه والإداريه[2] . وقد تكون ممارسة اللجوء إلى المصادر الداخليه على شكل تحويل الأفراد ونقلهم من وظيفه لأخرى في نفس المؤسسه أو على شكل تنزيل الأفراد من مراكز عليا إلى مراكز دنيا Demotions وتفضل المصادر الداخليه على المصادر الخارجيه في كثير من الحالات ولعدة أسباب، إذ إنّ الإعتماد على المصدر الداخلي يفسح المجال لمنتسبي المؤسسه اشغال المراكز الشاغره مما يرفع من معنوياتهم ويوفر علاقه حسنه بينهم وبين الإداره ويرفع الهمه لديهم. كذلك قد يغري ذلك الآخرين من خارج المؤسسه على محاوله العمل بها لغرض التمتع بهذه المنيره. كما ان إعتماد المؤسسه لهذه السياسه يضع إدارتها في موقف ممتاز لتقييم مقدرة الأفراد بدرجه أحسن من تقييم الأفراد من الخارج خاصه لو كان لديها أسلوباً ونظاماً موضوعياً لتقييم أداء

---

(1) Dale Yorder, Personnel Management and Industrial Relations, Opeit, P.175.

(2) إدارة الأفراد والعالقات الإنسانيه د.صلاح الشنواني دار الجامعات المصريه الاسكندريه مصر 1974 ص62

العاملين. ولكن قد يؤخذ على المصادر الداخليه عدم كفايتها لإملاء المراكز الشاغره بعناصر ممتازه. حيث إن الإعتماد على المصادر الداخليه وحدها وعدم اللجوء إلى المصادر الخارجيه فيه خطر على أعمال المؤسسه مستقبلاً خاصه إذا لم تتوفر بها العناصر المطلوبه لإملاء الوظائف الجديده التي لم تكن موجوده من قبل. فدون اللجوء إلى المصادر الخارجيه سيكون العمال الحاليون صوره طبق الأصل من العمال السابقين وسيكون العمال في المستقبل صوره مطابقه للعمال الحاليين.

المصادر الخارجيه:

يمكن اعتبار ما يلي من أهم المصادر الخارجيه:

1- طلبات الشخصيه:- أي من خلال طلبات الإستخدام التي يتقدم بها الأفراد في المؤسسه.

2- الإعلان: حيث تعلن المؤسسه عن حاجتها لشغل وظائف بمواصفات ومؤهلات وشروط محدده سلفاً.

3- وكالات الإستخدام أو مكاتب العمل المتخصصه في البحث عن القوى العامله وتوجيها لطالبيها مقابل أجور معينه.

4- المؤسسات التعليميه أي عن طريق الإتصال بالمعاهد والجامعات.

5- النقابات العماليه حيث يتم الإعلان هناك عن الوظائف اللازمه للمؤسسه.

الفصل الخامس

نظام وصف الوظائف والتنظيم الإداري

للقوى العامله والتطوير التنظيمي

نظام وصف الوظائف والتنظيم الإداري للقوى العامله والتطوير التنظيمي

مفهوم وصف الوظائف:

المقصود بوصف الوظائف جمع بيانات عن الوظائف المختلفه وليس عن الموظفين شاغلي هذه الوظائف إذ قد يقل عدد الوظائف عن عدد الموظفين.

هذه البيانات التي يتم جمعها تشمل:-

1- الأعمال المطلوب أداؤها

2- الطريقه التي يتم بها أداء هذه الأعمال.

3- المهاره اللازمه لأداء العمل.

4- المسؤوليات الملقاه على عاتق الوظيفه.

5- الظروف المحيط بأداء العمل.

6- المؤهلات المطلوبه لشغل الوظيفه.

استخدامات البيانات التي تجمع في كشوف الوصف:

يعتبر وصف الوظائف الخطوه الأولى لوضع برنامج لإداره الأفراد. ذلك إن الأساس العلمـي يؤدي إلى إنشاء مجموعات الوظائف طبقاً لحاجة العمل الفعليه ثم المواءمه بين ظروف سـوق العمـل والإحتياجات الفعليه وفي هذا المجال يجب التفريق بين الوظيفـه وشـاغلها. إذ إن الوظيفه عبـاره عـن مجموعه من الأعمال المتشابهه المتكامله تستخدم في إداره وتشغيل الماكنات والمـواد. وتكون نتيجـة تطبيق هذا المفهوم بالنسبه للوظيفه ظهور مجموعات من العاملين تقوم بإداء نفس الوظيفـه. ولـذلك فإن جمع البيانات يجب أن يرتبط بوظيفه معينه وليس بموظف معين. ذلك أن جمع

البيانات عن وظيفه يرتبط بأساس موضوعي يقلل كثيراً من أثر التحيز أما إذا ارتبط الوصف بالموظفين شاغلي الوظائف فهناك احتمال كبير لارتباطها بتحيز كبير للأسباب التاليه:

1- إن بيانات الوصف تستخدم في قرارات تحكم أرزاق العاملين.

2- إن البيانات الوصف تستخدم في قرارات تحكم كفاية العاملين

وفيما يلي عرضاً لبعض استخدامات مشروع الوصف:-

1- **الإختيار والتعيين:** ليس المقصود مجرد إدراج اسم العامل في كشوف المرتبـات بـل اختيـار أنسب شخص للعمل. والإختيار السليم مرتبط بتحديد متطلبات الوظيفه

2- **التدريب:** قد يكون التدريب بهدف التعريف بالعمل أو تطوراتـه أو قـد يكـون بهـدف رفـع مسـتوى الأداء أو إعـداد شـاغل الوظيفـه لوظيفه ذات مهـام جديده فعمليـة التـدريب أساسها معرفة. بيانات عن المتدرب وبيانات عن هذه التدريب.

3- **الترقيه:** الترقيه عبـاره عن شغل الموظف لوظيفه ذات مسؤوليات وأعباء جديده، وحتى تكون الترقيه إيجابيه فلا بد أن تحصل المنشأه على البيانات من أعباء الوظيفه

4- **تقدير الكفايه:** إن تحديد المقاييس التي تشملها مثل هذه التقارير وكذلك وضع معيار كمي لكل مقياس يرتبط أساساً بكشف وصف كل وظيفه على حده. ويستفاد في إعداد وتقيـيم مثل هذه التقارير بكشوف الوصف.

5- **تحديد الأجور:** الأجر العادل لا بد أن يرتبط بالأعباء الملقاه على عاتق شاغل الوظيفه وأقـرب أساس موضوعي لتقدير الأعباء يتمثل في تقدير قيم

الوظائف المختلفه عن طريق كشوف الوصف.

الخطوات التي تتبع لوصف وظائف المشروع:

يلزم الإتمام كشوف الوصف للوظائف اتباع ما يلي:

1- مناقشة مشروع الوصف مع الإداره:هذه المناقشه تتضمن عادة الموضوعات التاليه:

- نطاق البرنامج (أنواع البيانات التى تجمع)

- كيفية جمع هذه البيانات

- المده اللازمه لإتمام البرنامج.

- مدى الالتزام بالنتائج

- المساعدين الذين يستعين بهم الخبير

- التسهيلات المكتبيه أثناء التنفيذ

- البرنامج وخطواته

2- مناقشة مشروع الوصف مع العاملين: لا بد للخبير الإجتماع بالعاملين على كافة المستويات بغرض القيام بجمله نفسيه الهدف منها التأكد من تعاون عند تجميع البيانات اللازمه لمشروع الوصف وذلك من أجل التعاون في الوصول إلى البيانات حقيقيه واستكشاف الصعوبات التي يمكن أن تنشأ أثناء التطبيق. ويمكن أن يتم ذلك بالخطوات التاليه:

1.استطلاع آراء العاملين عن طريق مليء استثمارات وبيانات ومعلومات.

2.بعد إعداد الإجتماعات التمهيديه وإصدار المنشور يأتي ذلك تجميع معلومات عن انطباعات العاملين عن البرنامج.

3.بناء على انطباعات العاملين تتم عدة لقاءات مره أخرى لتدعيم جانب

الترويج للبرنامج.

3- تحديد الوظائف التي سيتم وصفها: وتـدل الأبحـاث في مجـال وصف الوظـائف أن النجـاح في وصف وظائف مشروع ما يرتبط بمتغيرات هي:

- قدرة الهيئه المشرفه على مشروع الوصف علـى اكتسـاب خـبره بطبيعـة الوظـائف موضـع الوصف.

- قدره جامعي البيانات على اكتساب خبره ومقدره عند تنفيذ عمليه الوصف.

وفي مجال تجزئه الوظائف المراد وصفها هناك طريقان:

الأول: تجزئة الوظائف المراد وصفها إلى وظائف يدويه، فنيه، كتابيه، إداريه.

الثاني: قيام هيئة الإشراف وجامعي البيانات بمسح كل الوظائف الموجوده في موقع أداء ما علـى أن تبدأ بمواقع الأداء النمطيه ثم يتدرج إلى مواقع أخرى وهكذا.

4- تحديد طريقة جمع بيانات: يمكن جمع البيانات بوسيله أو أكثر من إحدى الوسائل التاليه:

1. قائمة استقصاء تسلم لشاغل الوظيفه ليقوم بملئها.

2. قائمة استقصاء تسلم للرئيس المباشر لشاغل الوظيفه

3. قائمه استقصاء للشخص بمكتب الخبير (مشاهد لجمع بيانات بطريقة المشاهده).

5- إعداد قوائم الإستقصاء: تتضمن قوائم الاستقصاء عدداً من الأسئله الإجابه عنها للحصول علـى المعلومات اللازمه للوصف وفي العاده تكون الأسئله في

إطار المعلومات اللازمه لإعدادا كشف الوصف والتي لا تخرج عن:

- الأعمال المطلوب أداؤها
- المهاره المرتبطه بأداء العمل.
- الطريقه التي يتم بها أداء هذه الأعمال
- مسؤوليات الوظيفه
- الظروف المحيط بالأداء
- المؤهلات المطلوبه لشغل الوظيفه

وفي هذا المجال يتم تجزئه الأسئله إلى المستوى الـذي يضـمن اسـتجابه البحـوث. كمـا يتم صياغة السؤال باللغه التي يفهمها ويتكلمها المبحوث.

6- تدريب المسؤولين عن جميع البيانات: يستعين الخبير عن مشروع الوصف ببعض المساعدين لإرشاد العاملين في تفهم الأسئله الوارده في القوائم أو لجمـع بيانـات شـامله عـن الوظـائف بطريق الملاحظه ولذلك يقوم الخبير بعمل برنامج تدريب المساعدين يتضمن:

أ- تدريباً نظرياً: عن طريق حـاضرات وقرارات بهـدف تزويـدهم بمعلومـات عـن عمليـة الوصف

- المقصود بوصف الوظائف
- معلومات مساعده عن الإداره بصفه عامه
- أوجه استخدامه
- الإطار الملزم في جمع البيانات
- أساليب العلاقات الإنسانيه
- الدقه
- فنون المقابله

ب-   تدريباً عملياً: ويتضمن تدريباً على الطبيعه بهدف اختيار أسلوب الأداء وذلك بقيامهم
بملئ عينه من استثمارات الإستقضاء للتأكد أن مفهـوم الأسـئله لـدى المسـاعدين متفقـه
مفهوم الخبير.

ويمر التدريب العملي بالمراحل التاليه:

بقيامهم بملئ عينه من الإستثمارات التي أعدها الخبير لهـذا المشـروع ولجهات أخـرى، تهـدف
للتأكد من قدرتهم على فهم السـؤال. ومـع أجتيـاز هـذه المرحلـه يعطـى كـل متـدرب مجموعـه مـن
الإستثمارات تمثل الوظائف المختلفه ويكلف بإجراء مقـابلات عـلى الطبيعـه، وكذلك القيام بمشاهده
مواقف وظيفيه معينه ملئ استثمارات عنها ومع اجتياز هذه المرحله فإن المتدرب يكون صالحاً مبدئيه
لأعمال جمع البيانات.

نموذج لإحدى قوائم الإستقصاء
مكتب الإستشارات الإدارية والتنظيمية
استمارة استقصاء لتوصيف وظائف العاملين بشركة الطيران العربية

اســـم الوظيفـــة.................اســـم المشـــرف أو رئـــيس

القسم................القسم التابع له.............الإدارة التابع لها ....

نرجو من حضرات الساده المحترمين قراءة جميع الأسئلة الواردة في هذه الاستمارة بدقة ثم العمل على كتابة الإجابة

على كل سؤال فيها بدقة ووضوح وبالتفصيل.

....

أولاً- الواجبات والأعمال التي يتطلبها أداء الوظيفة:

س1 -اذكر بالتفصيل: ما هي الأعمال والواجبات التي تقوم بأدائها يومياً وبصورة روتينية.

....

س2 -حدد نوع الأعمال التي تقوم بها بصورة دورية (كل أسبوع أو شهر) واذكر عدد المرات التي تؤدي فيها هـذه

الأعمال، أسبوعياً أو شهرياً.

....

س3 -ما هي الأعمال والواجبات التي تؤديها بصفة عرضية -غير منتظمة؟ هـل تعتقـد أن لهـذه الأعمـال علاقـة مـا

بواجبات وظيفتك الأصلية؟

....

ثانياً -المسئوليات الملقاة على عاتق الوظيفة:

س1 -هل يقوم بالإشراف على عملك شخص معين؟ أذكر اسمه واسم الوظيفة التي يشغلها

ووضح طريقة اشرافه على عملك؟

....

س2 –هل أنت مسئول عن أعمال يؤديها أشخاص آخرين؟ أذكر عدد هؤلاء الأشخاص واسماءهم ونوع الوظائف

التي يشغلونها؟

....

س3 –هل تجعلك وظيفتك مسئولاً عن أشياء أو أموال تملكها الشركة؟ نعم ...لا...حدد نوع هذه الأشياء؟ وأذكر هل

أنت مسئول عنها بمفردك أم يشترك معك أشخاص آخرون نحو تحمل هذه المسئولية وأذكر عددهم ومن هم؟

....

س4 –هل تتطلب طبيعة عملك الاتصال بالجمهور الذي يتعامل مع الشركة؟ نعم ...لا...حدد أعمال هؤلاء الأشخاص

ووضح نوع اتصالك بهم ولماذا؟

....

س6 –هل تستلزم طبيعة عملك الظهور بمظهر معين أمام الجمهور (من حيث المعاملة أو الشكل والملبس)

نعم.....لا...حاول أن تبين ذلك؟

....

ثالثاً –المؤهلات والخبرة التي تتطلبها الوظيفة:

س1 –هل تعتقد أن وظيفتك الحالية تتطلب فيمن يشغلها أن يكون حاصلاً على مؤهل علمي كأن يكون حاصلاً

على:

- الشهادة الإعدادية.

- الشهادة الثانوية.

- بكالوريوس (هندسة-تجاره-علوم-آداب-حقوق)

- دبلوم عال (فني-صناعي-تجاري)

- مؤهل دراسي من نوع خاص.

....

س2 –هل تعتقد أن الوظيفة التي تشغلها تتطلب الإلمام باللغات الأجنبية نعم...لا...أذكر هـذه اللغـات ودرجـة إجادتها

متوسط   جيد   ممتاز

....

س3 –هل تعتقد أن وظيفتك تستلزم خبرة علمية معينه فيمن يشغلها؟ نعم..لا...ما هو نوع الخبرة المطلوبة وما هي المدة التي تعتقد أنها كافية لاكتساب هذه الخبرة؟

....

س4 –هل تتطلب وظيفتك أن يـتم تـدريب شـاغليها عـلى كيفيـة أدائهـا عنـد الالتحـاق بالعمـل أو بعـد ذلـك؟ نعم....لا....حدد نوع التدريب الذي تعتقد أنه لازم وحدد المدة الكافية لاجرائه.

....

س5 –هل في رأيك- أن وظيفتك تستلزم فيمن يشغلها أن يكون من جنس معين؟ ذكر.أنثى....

....

رابعاً –ظروف وأحوال العمل:

س1 –حدد عدد الساعات التي تعملها يومياً او اسبوعياً .

....

س2 –هل تعمل أوقات عمل إضافية؟ نعم...لا... وأذكر هل تتقاضى عنها أجراً أم لا؟

....

س3 -هل تقوم بأداء عملك في مكان واحد أم في أماكن متعددة؟

حاول توضيح ذلك.

....

س4 -ما هي الصعوبات التي تعترضك أثناء أداء عملك .. وتؤدي إلى تعطلك؟

....

س5 -أذكر ما هي المقترحات التي ترى ضرورة الأخذ بها للتغلب على مثل هذه الصعوبات.

....

س6- هل أنت تتعرض لاخطار معينة أثناء قيامك بأداء عملك.

حدد نوع الأخطار ورتبها حسب أهميتها من وجهة نظرك.

....

س7 -هل تؤدي عملك في ظروف عمل غير عادية ..من حيث:

الحرارة	الإضاءة
الرطوبة	التهوية
أخرى	

| التاريخ | اسم العامل | التوقيع |

....

تحليل الوظيفه
عمليه للحصول على كافة الحقائق ذات العلاقه بالوظيفه

وصف الوظيفه

ويشمل ما يلي:

-اسم الوظيفه
-موقع الوظيفه
-ملخص الوظيفه
- الواجباتa
- الآلات، الأدوات، المعدات
- المواد والنماذج المستخدمه
- حجم ونوع الإشراف الذي تقدمه أو تتلقاه
- ظروف العمل
- أخطار الوظيفه

مواصفات الوظيفه

وتشمل مؤهلات الفرد مثل:

- التعليم
- الخبره
- التدريب
- المبادأه والابتكار
- الجهد الجدي
- المهارات الجسديه
- المسؤوليات
- مهارات الاتصال
- الخصائص العاطفيه
- القدره غير العاديه المطلوبه في النواحي الحسيه مثل البصر الشم، السمع

ومواصف(نموذج) شكل يبين علاقة تحليل الوظيفة، وصف الوظيفة ات الوظيفة[1]

(1) إدارة الأفراد مصطفى نجيب شاويش -عمان الاردن دار الشروق للنشر والتوزيع 1990م ص74

7- جمع البيانات:

إن المدخل العلمي لجمع البيانات يجب أن يتجه إلى استخدام أكثر من أسلوب حتى يكون هناك مجال للمقارنه والمراجعه بما يقلل من المشاكل والعيوب ما أمكن وعموماً يتم جمع البيانات بالوسيله والأسلوب اللذين اختارهما الخبير، إلا أنه لضمان درجه عاليه من الدقه يستخدم الثلاث وسائل لجمع البيانات أي جمعها من

- العاملين

- الرؤساء

- المشاهده

هذا بالإضافه إلى أن جمع البيانات يرتبط بمجموعه من البيانات المساعده والمكمّله للبيانات الوارده في قائمة الإستقصاء ومنها:

- معلومات تجمع عن القسم

- طبيعة عملياته

- الماكينات

- اسماء العاملين

- اسماء الوظائف

- رئيس القسم

- مقابله رئيس القسم

- أهداف الدراسه

- انسب الأشخاص الذين من الممكن ملاحظتهم

- ملاحظة العاملين أثناء العمل:

- تسجيل الأعمال -الوقت

- بيان الأعمال الأخرى التي لم تلاحظ –الوقت
- مراجعة المعلومات عن العامل.

- عرض النتائج على رئيس القسم:

- استيفاء كافة البيانات
- تحديد علاقة العمل بالأعمال الأخرى بالقسم

- إعداد الصوره الأولى للبيانات:

عرضها على رئيس القسم وتعديلها وفقاً لما يستخدم من معلومات وعموماً فإن عملية جمع البيانات ترتبط بالمحددات التاليه:

- أن تتم عملية جمع البيانات وفقاً لما يتم تحديده في الخطوات السابقة.

- ان تتم عملية جمع البيانات بالأساليب المختلفه في وقت واحد فمثلاً لو قررنا استخدام الأساليب الثلاثه في جمع البيانات فمن الواجب جمع البيانات من العوامل والرئيس والمشاهد في فتره زمنيه واحده بدرجه لا تؤثر على طبيعة البيانات وكميتها

- قيام المكتب الإستشاري المكلف بعملية الوصف بإيجاد تواجد ميداني في مواقع جمع البيانات يقوم بما يلي:

- تنظيم عملية تسليم الاستثمارات لجامعي البيانات

- الرد على استفسارات جامعي البيانات

- حل مشاكل المواقف غير المتوقعه مثل غياب بعض جامعي البيانات بتكليف آخرين من مستوى الاحتياط وحل مشاكل جامعي البيانات الغير متوقعه.

8- مراجعة البيانات:

طالما أن البيانات ستخضع بعد هذا للتحليل تمهيداً لصياغة كشوف الوصف.

وطالما استخدم في جمع البيانات عن الوظيفه الواحده أكثر من طريقه لذلك يقتضي- الأمر إجراء نوع من المراجعه يسهل عمل المراحل التاليه:

ويمكن مراجعة بيانات الوصف وفق مرحلتين هما:

1- المراجعه المكتبيه: وهذه تركز على تنظيم عملية تسليم وتسلم الإستثمارات وترقيها بما يسهل الرجوع لها وتهتم هذه المرحله بالفحص الشامل لكل استثماره بهدف التأكد من:

- الإجابه على كل الأسئله المطلوبه
- وضوح الخطوط
- جديّة الإجابه والقدره على تفهم الأسئله

2- المراجعه الموضوعيه:- فطالما أستخدم في جمع بيانات الوظيفه أكثر من طريقه لذا يقتضي- الأمر مقارنة البيانات التي تجمع عن كل نوع من أنواع الوظائف بالأسلوب الذي تم بها جمعه (العامل - الرئيس - المشاهد) وفي حالة الإتفاق في إجابة سؤال ما تنقل الإجابه إلى استثماره جديده تمثل نتيجة المراجعه. أما الأسئله التي يوجد بها اختلاف في الإجابه عليها فإن الأمر يقتضي التعرف على الحقيقه.

9- تحليل البيانات:

بعد الإنتهاء من مراجعة البيانات وصياغتها في استثماره جديده تمثل نتائج المقارنات للاستثمارات المتعددة الأساليب (العامل -الرئيس - المشاهد) فإننا سنجد ما يلي:

- إن هناك استثمارات عددها يساوي 3 أمثال عدد موظفي الشركه لا لزوم

لها (ومقترح حفظها).

- إن هناك استثمارات جديده عددها يساوي عدد موظفي الشركه قد تـم انشـاؤها كنتيجـه للمراجعه.
- إن عدد وظائف الشركه نقل كثيراً عن عدد موظفي الشركه
- إن كل استثماره تحمل اسم أو رقم شاغل للوظيفه وتحمل مسمى وظيفي.

طبقاً للمتغيرات السابقه فإن عملية تحليل البيانات تبدأ بالاعتماد بالإستثمارات الجديـده التـي تم انشاؤها بعد المراجعه. ويتطلب الأمر فرز هذه الإستثمارات طبقاً لعناوين الإسـتثمارات الوظيفيـه. وبعد إتمام الفرز سنجد أننا لدينا عددا من الأقسام تساوي مجموعات الوظائف حسب كشوف الأجـور وفي داخل كل مجموعه عدداً مـن الإسـتثمارات يسـاوي عـدد شـاغلي الوظيفـه. وهـذا تصـوير واقعـي لميزانية الوظائف القائمه بالشركه قبل إعداد مشروع الوصف.

10- إعداد كشوف الوصف:

تتكون مواصفات الوظيفه عادة من ثلاثة أقسام كما يلي:

أ- البيانات الإيضاحيّه: يختص هذا القسم بالتفاصيل الموضحه للوظيفه كلقب الوظيفه والإداره أو القسم والجهه التابعه لها والرقم الذي أعطي لها وتاريخ مناقشتها.

ت- العمل الرئيسي: الغرض مـن هـذا القسـم هـو إعطـاء بيـان مـوجز عـن السـبب في وجـود الوظيفه والفائده التي تعود منها على الشركه.

ث- مستكملات الوظيفه: وهذا أهم قسم في مواصفات الوظيفه ويتطلب إعداده عنايه ووضوحاً في التعبير ومقدره على التحليل ويمكن الإسترشاد

بالمقترحات التاليه عند إعداد هذا القسم:

- مراعاه أن تكون جميع الأفعال المستعمله مضارعه مبنيه للعلوم وفي صيغة الغائب المفرد فيقال مثلاً (يقطع المعاون بالشعله). أو (يكتب على الآلـه الكاتبـه خطابـات إلى..)

- يجب تجنب استعمال الكلمات العامه مثل: يحافظ، يراجع، يستعمل، يعد، الخ.. ما لم تربط هذه الكلمات بعبارات أخرى تحدد واقع العمل المؤدي:

- يجب تقدير النسبه التقريبيه للوقت المستعمل في كل عمل.

- الاسترشاد بأمثله إذا لزم الأمر لشرح نوع العمل المؤدي.

- مراجعة كل قسم بعنايه للتأكد من أن كلا منها يجيب على أدوات الإستفهام:

ماذا

متى

من

لماذا

كيف

- المحافظه على التسلسل في وصف واجبات الوظيفه وتدرج الواجبات عادة في ثلاث مجموعات

1- الواجبات غير الدوريه

2- الواجبات الدوريه

3- اسبوعيه/ شهريه/ سنويه

4- الواجبات العرضيه

- يجب ترتيب أقسام العمل حسب أهميه كل منها

- يذكر في قسم مستقل بيان بالعدد والآلات المستخدمه في الوظيفه ودرجة ونوع الإستخدام.

- ذكر اشتراضات شغل الوظيفه.

هذه هي الخطوات العشره الهامه والرئيسية في عمليه توصيف الوظيفه بموجب بيانات ومعلومات يتم إعدادها وجمعها.

التقييم الإداري والتطوير التنظيمي للقوى العامله:

التنظيم الإداري مجرد وسيله تمكن من إداره المشروع بطريقه تضمن الأهداف.

وقد تطورت التنظيمات الإداريه مع تطور الحياه الصناعيه والتجاريه بينما كان الهيكل التنظيمي الإداري يقتصر على المالك وبعض الموظفين كبر حجم المشروعات وتعقد الهيكل التنظيمي والمستويات الإداريه وازواد عدد العاملين إلى المئات بل إلى الألوف في بعض المشاريع

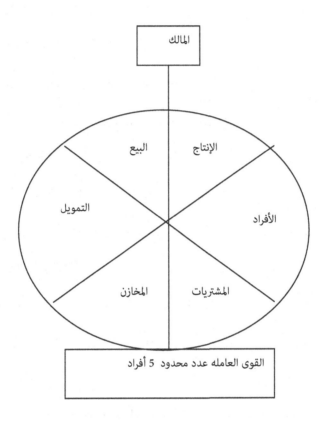

نموذج يبين تنتظيم لمشروع صغير

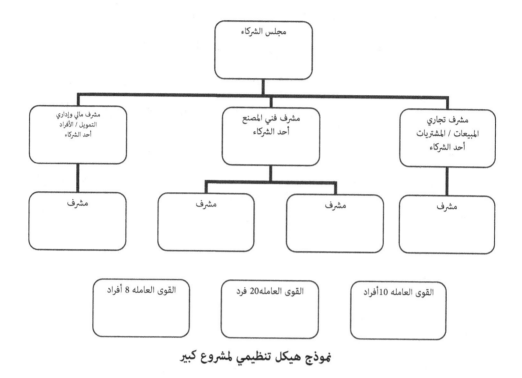

نموذج هيكل تنظيمي لمشروع كبير

يلاحظ مـن الـنماذج السـابقه كيـف تطورت التنظيمات فالتطوير التنظيمـي ارتبط بحجـم المشروعات وزيادة الإنتاج وعدد العمال

التنظيم الإداري في مجال التطبيق:

في الشركه الصغيره جداً "التنظيم الإداري" هو موضوع قليل الأهميـه يـزاول الإداره والتخطيط والرقابه أثناء مزاولة العمال لأعمالهم.

طالما تبدأ الشركه في النمو فإنها تواجه في الحال بمشاكل عن كيفية تقسيم مسؤولية الإنتاج بين العاملين وتحديد من هو المسؤول عن مراقبة ذلك القسم من نشاط الشركه وتنفيذ بكفايه.

والمشكله الأولى التي تواجه الصانع وبالأخص في الشركات الصغيره هـو كيفيـة تقسـيم القـوى العامله الكليه إلى مجموعات وذلك لإمكانية مراقبة عمل العمال مباشره

وحتى يمكن تعيين ملاحظين على مختلف المستويات والنشاطات. وتقسيم أساسي يحدد العمال المرتبطين بالعمل المباشر على الإنتاج وأولئك الذين تكون أعمالهم مخصصه أيضاً بطريقة غير كمباشره على الإنتاج لأنهم لا يعملون في الإنتاج ذاته ولكنهم يمدون خدمات ومساعدات لأولئك الذين يعملون. أساس هذا التقسيم الثنائي هو تصنيف للعمل المباشر والعمل غير المباشر.

نوع العمل المباشر يشمل كل الميكانيكيين واللحاميين والنجاريين وعمال التجميع والمتخصصين مباشرة بعمليه الإنتاج بينما العمل غير المباشر يشمل المصممين ومهندسي الإنتاج ورؤساء العمال والمديرين والعمال والمفتشين وموظفي مراقبة الإنتاج وأفراد آخرين أساس وظائفهم مساعدة الإنتاج.

تقسيم المعامله المباشره:

المنظم الأساسيه لتقسيم القوة العامله إلى مجموعات تنحصر فيما يلي:

1- التقسيم على أساس الإنتاج: ذلك أن كل عامل يعمل على كل منتج أو جزء من المنتج يكون مجموعه واحده حيث أنه يمارس من البدايه إلى النهايه

2- التقسيم على أساس العمليات: وهذا يكون على العكس تماماً من التقسيم على أساس الإنتاج فمثلاً في حالة مصنع يملك مسبك كبير لصنع كل المسبوكات وورشه آلات كبيره لصنع جميع الماكنات وورشة للتجميع وورشه لحام يتم التقسيم على أساس تلك العمليات.

3- التقسيم على أساس الحجم: الحجم له أثر على نوع الآلات وأنواع ومعدلات النقل المطلوبه في درجة العماله الكامله. لذلك في حالة المسبك الذي ذكرناه من الأجور أن التقسيم المناسب أن نقول مسبك ثقيل ومسبك خفيف وهكذا.

4- التقسيم على أساس الكميه: الكميه أو حجم الإنتاج أيضاً لها أثر هـام عـلى طـرق الإنتـاج ونوعية الآلات المطلوبه ونوع العماله.

5- التقسيم طبقاً للنوع: النوع له علاقه هامه بالتنظيم. المؤسسات مـثلاً التـي تقـوم بصـنع كـل من أدوات الماكنات الدقيقه والمعدات الزراعيه من الحكمـه أن تحفـظ كـلاً مـن الـوظيفتين منفصلتين عند استخدام مستويات الدقه لأدوات الآله.

التنظيم الرأسي والأفقي:

مسألة تقييم العمل يمكن فهمها وإن كل هذه التقسيمات يمكن تحديدها إما رأسياً أو أفقياً.

في الجدول الثاني عدد المنتجات واضحه أ، ب، ت، ث، ج،

وتعداد العمليات الإنتاجيه يمين الجدول 1، 2، 3، 4، 5،

- التقسيمات الرأسيه:- مجموعات متخصصه لمنتجات مختلفه

- التقسيمات الأفقيه: مجموعات متخصصه لعمليات مختلفه

(التقسيمات الرأسيه والأفقيه للتنظيم)

111

العمليات الإنتاجيه	منتجات				
1	أ	ب	ت	ث	ج
2					
3					
4					
5					

إذا قمنا بتقسيم الشكل البياني بخطوط رأسيه وقسمنا القوه العامله إلى مجموعات على هذا الأساس سيظهر مره أخرى أننا بصدد التقسيم على أساس الإنتاج أو بمعنى آخر ((تنظيم رأسي)). إذا قمنا بتقسيم الشكل البياني بخطوط أفقيه سنعود مره أخرى إلى نفس شروط ((التقسيم على أساس العمليات أو التنظيم الأفقي. هذا النوع أيضاً يسمى "التنظيم الوظيفي".

هذا هو المفهوم الذي يمكن إستخدامه في التحليل الصناعي وفي الشركه وفي المصنع أو ورش الإنتاج.

التنظيم ووظيفة المراقبه:

إن مشكلة كيفية تقسيم القوه العامله المباشره لها أهميه عظيمه للمراقبه للأسباب التاليه:-

1- إنها تؤثر في تعقيد ومراقبة التكلفه

2-إنها تؤثر في الدرجه التي تؤثر في استخدام إمكانيات العمل والآلات ورأس المال.

التنظيم الخطي الوظيفي:

إن النظريات التي تحدد إطار العمل في مجال التنظيم الإداري ارتبطت بتنوع شديد مع السنوات الأخيره في الدول المتقدمه صناعياً. يرجع ذلك إلى أن التنظيم أصبح عنصراً مباشراً للربحيه وتحقيق الكفايه الإنتاجيه للمشروع. كما لم يعد إعداد التنظيم قاصراً على مجرد مناقشة الجوانب الماديه بل إن نجاح التنظيم أصبح رهناً بفعل مفهوم العوامل الإنسانيه وإمكانية التوفيق بين اتجاهاتها ونجاح العمل.

غير أن تعدد النظريات يرتبط بنوعين أساسيين من طرق إعداد التنظيم (الخطي –الوظيفي) بحيث أصبح في هذا الوقت إن الإكتفاء بأحدهما شبه مستحيل وإن كفاءة المنظم تبرز في مدى ربط العوامل العلميه بالجوانب العمليه وفي مجال التطبيق يلاحظ أن التنظيم الإداري في المنشآت الصناعيه تطور مع النمو الصناعي والتقدم في وسائل الإنتاج وازدياد الخبره والمعرفه الإداريه واتخذ أسساً جديده تتناسب مع ما نشاهده من تطور في التكنولوجيا.

وفيما يلي عرض موجز لأهم الأشكال التنظيميه:

1-   التنظيم الخطي أو الخط التنظيمي:

إنه نوع مبسط للشكل الهرمي، كل المديرين على مستوى واحد يرفعون تقاريرهم إلى المدير العام للمستوى الثاني الأعلى وهكذا

مزاياه:

1- تحديد وتقسيم واضح للسلطه والمسؤوليه.

2- يتم تنفيذ المشروعات في سرعه فائقه وهي أهم مميزات هذا النظام.

عيوبه:-

1- فقر التخصص: لأن كل مشرف على قسم نجد أنه مسؤول عن تنفيذ عدة عمليات في آن واحد.

2- رؤساء الأقسام والمشرفين يكونون محملين أكثر من اللازم

3- من الصعب وجود ملاحظين بالقدره والكفاءه المطلوبه في جميع التخصصات

3- التنظيم الوظيفي:-

أول من فكر في التنظيم الوظيفي كان فردريك تايلور حينما إقتنع أن مسئوليات رئيس العمل قد تشعبت واقترح تايلور تقسيم الأنشطه لكل رئيس عمل تخصص:-

أ- مسئوليه بخصوص طرق الإنتاج

ب- مسئوليه بخصوص التفتيش

ت- مسئوليه بخصوص الصيانه

ث- مسئوليه بخصوص شؤون الأفراد. وهكذا باقي التخصصات والتنظيم الوظيفي نوع نظري لا يوجد فيه خط إداري

مزاياه:-

1- إمكانية وبساطة العمل بواسطة التخصص

2- من السهل وجود رؤساء أقسام متخصصين في فرع واحد أو يمكن تدريبهم لعمل معين.

عيوبه:-

1- من الصعب تنسيق العمل والمراقبه والتخصصات لأن العامـل الواحـد أصـبح مسـؤولاً إمـا عدد من الرؤساء بدلاً من شخص واحد وأصبح يتلقى الأوامر من أكثر من ناحيه ومـا ينـتج ذلك مما يحير العامل ويعطل الأمور ويشل الحركه.

2- قليل من الناس من يرغب في شغل خمس أو ست وظائف

3- يمثل مجالات السلطه إلى التداخل مما يولد الخلافات

4- صعوبة تحديد المسؤوليه.

نموذج التنظيم الخطي:

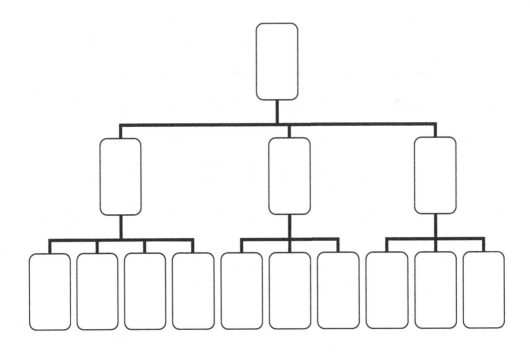

نموذج التنظيم الوظيفي

مشرف	مشرف	مشرف	مشرف	مشرف	مشرف

القوى العامله

117

3-   الخط الوظيفي (التنظيم الخطي والوظيفي)

وهو حل وسط فيه خليط من التنظيم (الخطي) و (الـوظيفي) وهـذا النـوع في التنظيـم عـلى العموم كثير الإستخدام في الصناعه. ويسمى أحياناً التنظيم على أساس خط السلطه مع وجود وظـائف مساعده.

نموذج التنظيم الخطي والوظيفي

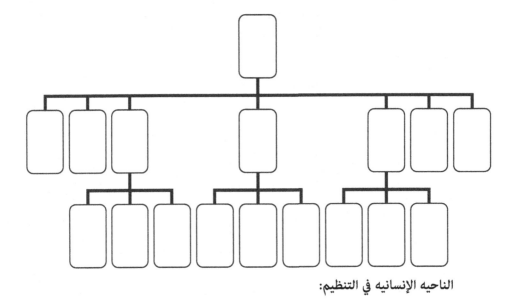

الناحيه الإنسانيه في التنظيم:

التنظيم ينصب أساساً على الأفراد العـاملين ولـذا فـإن التعمـق في دراسـة كـل الجوانـب الإنسـانيه المرتبطه بالتنظيم وأخذها في الاعتبار يمنع التنظيم جانب التعاون للتنفيـذ والعكس صـحيح. إذ إن هنـاك عدداً من الإعتبارات الإنسانيه التي يجب مراعاتها عند إعداد التنظيم وفي مراحل متابعة ومنها:-

1-   أن يراعي التنظيم خبرات الأفراد بطريقه تؤدي إلى استفادة الفرد من

تخصصه.

2- أن يراعي التنظيم فتح باب التقدم للوظائف بطريقة متناسقة

3- أن يراعي التنظيم حماية الفرد في سبيل أداء واجبه

4- أن ترتبط المستويات العليا في التنظيم باحترام نظام الإتصالات وذلك بعـدم الإتصـال بـأي مرؤوس إلا عن طريق رئيسه

5- أن يراعي التنظيم الطاقه للأفراد من حيث الوقت ونطاق الإشراف

6- أن يرتبط التنظيم بالظروف المتغيره في المنشأه وفي المجتمع وأن يتسم بالمرونه

الخطوات العمليه لإعداد التنظيم الإداري:

حتى التنظيم فعالاً يمكن اتخاذ أو اتباع الخطوات التاليه:-

1-   حصر حدود التنظيم

2-   تحديد فلسفة التنظيم

3-   تحديد الأعمال

4-   تحديد التخصصات المناسبه للأعمال

5-   تحديد الأعمال المطلوبه على كل تخصص على حده

6-   تحديد المستويات الإشرافيه

7-   تحديد الأفراد المطلوبين لكل تخصص

8-   رسم خريطة التنظيم

9-   مناقشه التنظيم

10-   كتابة التنظيم (دليل التنظيم)

11-   اتخاذ قرار إداري بتطبيق التنظيم (إعلانه)

الفصل السادس

نظام الإستقطاب والإختيار والتعيين

مفهوم الموارد البشرية الملائمه

نظام الاستقطاب والاختيار والتعيين:مفهوم الموارد البشريه الملائمه

Defining Appropriate Human Resources

تشير عبارة الموارد البشريه الملائمه إلى الأفراد في المنظمه الذين يؤدون اسهاماً ذا قيمه في تحقيق هذه المنظمه.

خطوات تزويد المنظمه بالموارد البشريه الملائمه[1]

Steps In Providing Appropriate Human Resources

نتبع إدارة المنظمه في تزويدها بالموارد البشريه الملائمه أربع خطوات رئيسيه وهي:-

1- الإستقطاب (دعوة الراغبين بالعمل)

2- الإختيار

3- التدريب

4- تقييم الأداء

ويمكن وضع هذه الخطوات الأربع الرئيسيه في الشكل التالي:

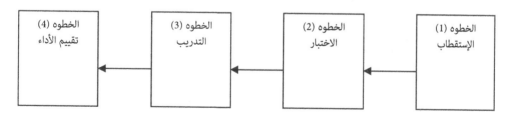

الخطوه (4) تقييم الأداء	الخطوه (3) التدريب	الخطوه (2) الاختبار	الخطوه (1) الإستقطاب

(1) الإداره الحديثه مصطفى شاويش دار الفرقان عمان الأردن 1993 ص530

الإستقطاب (Recruiment)

وهو التصفيه المبدئيه للعرض الكلي من الموارد البشريه المتوقعه والمتوفره لمليء وظيفه ما.

إن الغرض الرئيسي للإستقطاب هو تقليل العدد الكبير مـن المسـتخدمين إلى مجموعـه صـغيره نسبياً من الأفراد الذين سيتم في النهايه التعيين مـن بينـهم. بحيـث أنـه عـلى القـائمين بالإستقطاب أن يعرفوا الوظيفه التي يقومون بملئها ومكان وجود الموارد البشريه.

يجب أن تبدأ نشاطات الاستقطاب بفهم كامـل بالوظائف التـي سـيتم ملؤهـا حتـى يمكـن أن يضيف المدى الواسع من المستخدمين المتوقعين. ويجب معرفه مصادر الموارد البشريه وهناك مصدران رئيسيان هما المصادر من داخل المنظمه والمصادر من خارج المنظمه. أما المصادر مـن داخل المنظمـه فتتم بالترفيه من الداخل أو بالإعلان الداخلي والتنافس بين الـراغبين في الإنتقال للوظيفه الجديـده أو إعادة تشغيل العماله المتقاعده أو المحال عـلى المعـاش. أمـا المصـادر مـن خـارج المنظمـه أو المصـادر الخارجيه فهي:

1- طلبات الإستخدام التي ترد إلى المنشأه.

2- الإعلان عن الوظائف الشاغره بوسائل الإعلام المختلفه

3- الجامعات والمعاهد ومراكز التدريب

4- مكاتب أو وكالات التوظيف

5- نقابات العمال

6- توصيات العاملين بزملاء لهم من خارج المنظمه

7- الاستقطاب من المنظمات المنافسه بإعطاء شروط أفضل للراغبين.

الإختيار (Selection):

يعني الإختيار أن تقوم المنظمه باختيار فرد أو أكثر حسب الحاجه من بين أولئك الذين كان قد تم استقطابهم تتكون عملية الاختيار من سلسه من المراحل التي يجب على المستخدمين المتوقعين أن يمروا بها حتى يتم تعيينهم إن كل مرحله من هذه المراحل تقلل من المجموع الكلي للمستخدمين المتوقعين حتى يتم في النهايه اختيار المطلوب أما هذه المراحل فهي:

1- تقديم طلب التوظيف

2- اجراء المقابلات الشخصيه

3- التحري والتوصيه

4- اختبارات التوظيف

5- الفحص الطبي

ومن أهم أدوات عمليه الإختيار نذكر:

1- الإختبارات

2- مراكز التقييم

أما عن الإختبارات:

فيمكن ببساطه تعريف اختبار التوظيف بأنه إجراء منظم هدفه معاينة سلوك أو اتجاهات او أداء شخص معين أو مقارنة سلوك أو اتجاهات وأداء شخصين أو أكثر. وفي مجال إدارة الأفراد فالإختبارات أيضاً تساعد في قرارات الترفيه والنقل والتدريب وتبنى فلسفة اختبارات التوظيف على فرضيتين أساسيتين أولهما: أن القرارات والمهارات الإنسانيه عادة ما تكون موزعه على الأفراد ويقترب بين التوزيع الطبيعي

وثانيهما: أن هناك درجه معقوله من الارتباط بين توافر القدره أو المهاره موضع الاختبار وبين احتمال النجاح في أداء وانجاز متطلبات العمل أو الوظيفة وعلى الرغم من توفر أنواع مختلفه من الاختبارات يمكن أن تستخدمها المنظمه إلا أنه وبشكل عام يمكن تقسيمها إلى الأنواع التاليه:

1- اختبار القدرات (Aptitude Tests) ويهدف هذا النوع من الإختبارات إلى قياس قدرات الأفراد الخفيّه أو المحتمله على أداء شيء ما. في حين تحاول بعض اختبارات القدرات قياس درجة الأداء العام لدى الشخص وإن البعض الآخر منها يقيس قدرات الشخص المتخصصه مثل القدره على أداء وظائف البيع أو القيام بالأعمال المكتبيه أو الوظائف أو الأعمال التي نتطلب درجه عاليه من المهارات الميكانيكيه.

2- اختبارات الأداء: (Achievement or Proficiency Tests): يقيس هذا النوع من الاختبارات معلومات الشخص ومهاراته في أداء عمل معين.

وهناك نوعان رئيسيان من اختبارات الأداء:

الأول: يقيس المعلومات اللازمه لأداء الوظيفه ويمكن أن يكون كتابياً أو شفوياً.

والثاني: يقيس مهارات الشخص الوظيفيه عن طريق وضعه في موقف وظيفي فعلي وملاحظة طريقة تصرفه.

3- اختبارات الإهتمامات المهنيه: (Vocational Interests Tests): ويحاول هذا النوع من الاختبارات معرفه ما يفصله الشخص كمهني أو لا يفضله في مجال الاهتمامات، الهوايات والنشاطات الترفيهيه. فهذه الاختبارات تكشف عن نمط محدد من الإهتمامات لدى الفرد تكون قريبه من الوظيفه وبالتالي يمكن التنبؤ بنجاحه في أداء أعمال هذه المهنه

4- إختبارات الشخصيه: يحاول هذا النوع من الإختبارات قياس وتقييم بعض الخصائص التي يعتقد بأهميها للنجاح في العمل وذلك مثل النضج العاطفي، الاجتماعي، تحمل المسؤوليه، الإنسجام، الموضوعيه، القياديه أو الهيمنه، والأعراض العصبيه.

شروط استخدام الإختبارات كأسلوب في الإختبار:-

يجب قبل استخدام أي من الإختبارات المذكوره كأسلوب لإختيار التأكد توافر ثلاثة شروط أساسيه هي:-

1- شرط الثبات (Reliability): بمعنى يجب أن تتصف ننتائج الإختبار بالثبات في حالة تطبيق الإختبار على نفس الشخص أكثر من مرّه

2- شرط الصحه (Validity): بمعنى أن الإختبار يقيس فعلاً الخاصيّه موضع الإختبار وليس أية خاصيه أخرى.

3- عدم التحيز (Freedom From Bias): بمعنى إتاحة الفرصه المتساويه أمام الأفراد محل الإختبار كي يؤدوا بكفاءه ولا بد من الإشاره إلى بعض الإقتراحات والإرشادات التي يجب أن تراعيها المنظمات المختلفه عند استخدامها اختبارات التوظيف وهي:

1- استخدام الإختبارات كوسائل مكمله حيث لا يجوز استخدام الإختبارات كمعيار وحيد في أي شيء مثل الإختيار، التعيين، الترقيه، أو النقل ....الخ.

2- إن الإختيارات أكثر قدره على التنبؤ بحالات الفشل منها بحالات النجاح. حيث أن اجراء الإختبارات غالباً ما تحدد الموضوعات التي سوف لا يتم انجازها بدرجه معقوله من الرضى أو الموضوعات سوف لا يكون من الممكن أداؤها بكفايه،

3- إنّ درجات أو علامات الإختبار ليست مقاييس دقسقه كما انـه بـالنظر إلى نتـائج الإختبـار فلا يعني أن الذي حصل على علامه عاليه في الإختبار هو دائماً أصلح للوظيفه من الشخص الذي حصل على علامه أدنى.

4- الإختبارات أداه تصـفيه وهـذا يعنـي أنـه مـن المفيـد اللجـوء إلى الإختبـارات عنـدما يكـون المطلوب اختيار مجموعه صغيره من بين عدد كبير من المتقدمين للوظيفه

مراكز التقييم (Assessment Centers)

مركز التقييم أسـلوب آخـر يسـتخدم للمسـاعده في زيـادة نجـاح اختيـار الموظـف. كـما يمكـن اسـتخدامه كمسـاعد في مجـالات أخـرى مثـل تـدريب الأفـراد وفي تطـوير التنظـيم (Organization Development) ومركز التقييم هو برنامج وليس مكاناً والذي بموجبه يقوم فريق مـن المقيّمـين الخـبراء بملاحظه دقيقه لمجموعه من المرشحين الإداريين وذلك لمدة يـومين أو ثلاثـة أيـام وهـم يـؤدون أعـمالاً إداريه حقيقية حيث يتم تقييم المقدرة الإداريه لكل من المرشحين للوظيفـه وبعـد إنتهـاء مـدة المركـز (البرنامج) وهي يومان أو ثلاثه يقوم أعضاء المركز بعد مناقشات مستفيضه مـع بعضـهم بإصـدار قـرار التعيين أو عدمّ التعيين. وعلى الرغم من هذه المراكز تكاليفها عاليه والتي غالباً مـا يقتصرـا اسـتخدامها على حالات اختيار الفئات الحساسين من المشرفين والمديرين إلاّ أنها تعتبر أسـاليب الاختيـار موضـوعيه وأكثرها نجاحاً.

التدريب (Training)

إن الخطوه التاليه، بعد الاستقطاب والإختيار في تزويد المنظمه بـالموارد البشرـيه الملائمـه هـي التدريب. والتدريب هو عملية تطوير صفات أو خصائص لدى الموارد البشرـيه والتـي سـوف تمكـن في النهايه هذه الموارد ليكونوا أكثر انتاجيه، فغرض التدريب

هو زيادة انتاجية الأفراد في وظائفهم عن طريق التأثير علـى سـلوكهم. أن تـدريب الأفـراد عبـاره عـن عمليه من أربع خطوات هي:-

1- تحديد الإحتياجات التدريبيه

2- تصميم (تخطيط) البرنامج التدريبي

3- إدارة (تنفيذ) البرنامج التدريبي.

4- تقويم البرنامج التدريبي

ويمكن تصوير هذه الخطوات الأربعه في الشكل التالي:

شكل (خطوات عملية التدريب)

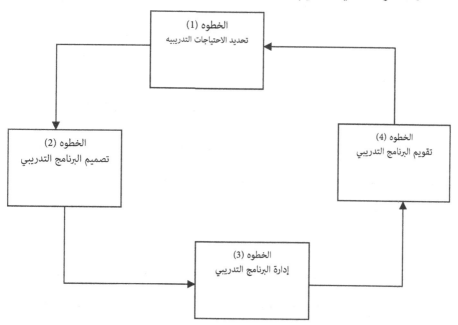

وفيما يلي شرح موجز لكل خطوه من الخطوات الأربع الوارده في الشكل:-

تحديد الاحتياجات التدريبيه: (Determinig Training Needs)

إن الإحتياجات التدريبيه هي تعبير عن الأفراد والمطلوب تـدريبهم لمواجهـة أي مـن الحـالات التاليه، والتي تشير المؤشرات التدريبيه إلى احتمال حدوثها:-

(1) الحاله التي يتضح فيها لإدارة الأفراد في المنظمه أن الأداء الفعلي لبعض الأفراد لا يرقـى إلى المستوى المرغوب فيه. لأسباب تعود إلى نقص في مهاراتهم أو معلوماتهم.

(2) الحاله التي تقرر فيها الإداره تغيير أو تعديل محتوى العمل. أي تغيير وصف الوظيفه مـن حيث المسؤوليات أو الواجبات أو الصلاحيات.

(3) الحاله التي تقرر فيها إدارة المنظمه تغيير الظروف والإمكانات التي يتم إداء العمل أو يتم العمل بواسطتها مثل الإنتقال مـن المركزيـه إلى اللامركزيـه أو إحـلال الحاسـب الآلي محـل الحاسبات اليدويه التقليديه.

(4) الحاله التي تقرر فيها الإداره إحداث وظائف جديده أو البدء في أنشطه جديـده لم يسـبق لأفراد المنظمه ممارستها من قبل.

(5) الحاله التي تقرر فيها الإداره تعيين أفراد جدد أو نقل أو ترقيـه أفراد حـاليين إلى وظـائف مختلفه ويمكن التعبير عـن الإحتياجـات التدريبيـه بأنها أنـواع التغيـرات أو الإضـافات المطلوب إدخالها على السلوك الـوظيفي للفـرد وأنمـاط أدائـه ودرجـة كفاءتـه عـن طريـق التدريب.

كما يمكن التعبير عن الاحتياجات التدريبيه بأنها مجالات معلومات أو مهارات فرد أو مجموعه يتطلب تطويراً أكثر من أجل زيادة انتاجية ذلك الفرد أو تلك المجموعه.

تصميم (تخطيط) البرنامج التدريبي (Desigining The Training Program)

بعد الإنتهاء من تحديد الإحتياجات التدريبيه يتم تصميم البرنامج التدريبي والذي يمر بمراحل متعدده وهي:

1- تحديد أهداف البرنامج

2- تحديد نوع المهارات التي سيتم التدريب عليها

3- وضع المنهاج التدريبي الذي يحتوي على موضوعات التدريب

4- إختيار أسلوب أو أساليب التدريب التي يمكن استخدامها في مجال التدريب

5- اختيار المدربين ومؤهلاتهم وصفاتهم

6- تحديد مكان التدريب سواء داخل المنظمه أو خارجها

7- تحديد فترة برنامج التدريب وتختلف المده من برنامج لآخر طبقاً لعدة اعتبارات

8- توفير مستلزمات التدريبي مثل مكان التدريب، الأدوات والمعدات والوسائل السمعيه والبصريه أو الآليه أو التصويريه التي يتطلب استعمالها.

كما يشمل ذلك إعداد المطبوعات والكتيبات والإرشادات والنماذج وما شابه ذلك.

إدارة (تنفيذ) البرنامج التدريبي (Administerin The Training Program):

بعد تصميم البرنامج التدريبي يأتي دور تنفيذ البرنامج التدريبي أو ما يمكن أن يطلـق عليـه "تدريب الأفراد" وهذه الخطوه مهمه جداً إذ فيها يتبين مـدى سـلامه تصميم البرنامج التـدريبي. وينعكس نجاحها أو فشلها إيجابياً أو سلبياً على الخطوه التاليه والمتعلقه بتقويم البرنامج التدريبي.

يمكن في هذه المرحله استخدام عدد من الأساليب التدريبيه سواء لنقل المعلومات إلى المتدربين أو لتطوير مهاراتهم التي هي بحاجه إلى التطوير.

ومن هذه الأساليب ما يلي:

1- أسلوب المحاضره: حيث يحاضر المحاضر في المتدربين بأسلوب كتابي أو شفوي

2- التطبيق العملي: حيث يقوم المدرب بأداء عمل ما أمام المتدربين مع شرح نظري وعملي.

3- أسلوب دراسة الحالات: يعتمد هذا الأسلوب علـى ضرورة وجـود مشـكله أو حالـه عمليـه ومطلوب وضع الحل لها من خلال المناقشة بين المدرب والمتدربين.

4- النقاش المخطط: والذي يفسح المجال أمـام المتـدربين لتبـادل الآراء والإشـتراك في المناقشـه ويستهدف هذا الأسلوب في التدريب اكتشاف الملامح الرئيسيه في المشكلات التـي تعـرض على مجموعه واستخلاص نتائج محدده بشأنها

5- تمثيل الأدوار: ويتضمن هذا الأسلوب خلق مواقف عمليه بالسلوك

المتدرب كطرف مباشر فيها ويطلب إليه علاج الموقف بالسلوك الفعلي كما لـو كـان يعـيش في الحياه فعلاً.

6- المباريات الإداريه: يتم بموجب هذا الأسلوب تقسيم المتدربين إلى مجموعتين أو أكثر يتراوح عدد أفراد كل مجموعه من (5-7) أفراد تمثل كل مجموعه إدارة شركة مـا ثـم يـتم إعطـاء أعضاء المجموعه بيانات ومعلومات محدده ومعده مسبقاً عن ظروف عمـل الشركه التـي يمثلونها لتقوم كل مجموعه بدورها بتوزيـع الاختصاصـات والأعـمال بـين أفرادهـا. وتقـرر لنفسها أهدافاً وسياسات تسترشد بها في اتخاذ القرارات.

7- تدريب الحاسيه: وطبقاً لهذا الأسلوب يقوم المتدربون على شكل مجموعات صغيره تتكون من (8-12) فرداً تحت إشراف اختصاصي نفسي- بمصـارحة بعضـهم بـأدائهم في سـلوك كـل منهم تجاه الآخر مع مراعاة الصراحه الكامله وتداعي الأفكـار. والهـدف مـن ذلـك هـو أن يصبح كل فرد واعياً لتأثير تصرفاته على الآخرين، بغرض إتاحة الفرصـه أمامـه لتغيـير تلـك الأنماط السلوكيه خاصه إذا كان لها تأثير شيء عليهم.

تقييم البرنامج (Evaluating The Training Program):

يجب على الإدجاره أن تقوم بتقييم البرنامج التدريبي حيث تقرر إذا كان قد لبّـى الاحتياجـات التدريبيه التي صمم من أجلها.

ويمكن تعريف التقييم بأنه تلك الإجراءات التي تقـاس بهـا كفـاءة البرنـامج التدريبيـه ومـدى نجاحها في تحقيق أهدافها المرسومه.

كما تقاس بها كفاءة المتدربن الذي قاموا بتنفيذ العمل التدريبي.

أهداف تقييم البرنامج التدريبي:

إن تقييم البرنامج التدريبي يهدف إلى:

1- معرفه التغيرات التي حدثت خلال تنفيذ البرنامج من حيث اعداده، تخطيطه، وتنفيذه، وبالتالي معرفه أسبابها من أجل العمل على تجنبها وتلافيها مستقبلاً.

2- تحديد ومعرفة مدى نجاح المدربين في قيامهم بعملية التدريب وإيصال الماده التدريبيه للمتدربين

3- إعطاء صوره واضحه عن مدى استفادة المتدربين ومدى فعالية البرنامج التدريبي بشكل عام

تقييم الإداء (Performance Appraisal)

إن استقطاب العاملين، ثم اختيار المراد منهم، ثم تدريب من ثم اختيار وتعيينهم لا تعتبر كافياً لجعلهم منتجين في المنظمه. فالخطوه الرابعه في عملية تزويد المنظمه بالموارد البشريه الملائمه هي عملية تقييم الأداء. وهي عملية مراجعة النشاط الإنتاجي لهؤلاء الأفراد لتقييم إسهاماتهم في تحقيق أهداف المنظمه، إن تقييم الأداء يشبه التدريب من كونه نشاط مستمر يشمل الأفراد القدامى. كما يشمل الأفراد الذين تعيّنوا حديثاً في المنظمه.

أهمية تقييم الأداء(mportance of Performance Appraisal)

ترجع أهمية تقييم الأداء في المنظمات للأسباب التاليه:-

1- الترقيه والنقل: حيث يتم الكشف عن قدرات الأفراد وبالتالي إما ترقية الأفراد إلى وظائف أعلى أو نقلهم إلى مكان أنسب ملائم لهم .

2- يساعد في تحديد مدى فعالية المشرفين والمديرين في تنميه وتطوير الأفراد

الذين يعملون تحت اشرافهم وتوجيهاتهم.

3- يمكن أن تؤدي نتائج تقييم الأداء إلى اجراء تعديلات في رواتب وأجور العاملين.

4- يعتبر تقييم الأداء وسيله أو أداه لتقويم ضعف العاملين واقتراح اجراءات لتحسين أداءهم. أي يمكن اعتباره حافزاً للتطوير الشخصي ومقياساً له.

5- يعتبر من العوامل الأساسيه في الكشف عن الحاجات التدريبيه وبالتالي تحديد أنواع برامج التدريب والتطوير اللازمه.

6- يزود مديري إدارة الأفراد في المنظمات التي تقوم به بعلومات واقعيه عن أداء وأوضاع العاملين فيها مما يعتبر مؤشراً لإجراء دراسات ميدانيه تتناول أوضاع العاملين ومشكلاتهم وانتاجيتهم ومستقبل المؤسسه نفسها، كما يعتبر مؤشراً لعمليات الاختيار والمتعيين التي تمت في المنظمه.

كيفية القيام بتقييم الأداء: (Handling Perfomance Appraisals)

إذا لم يتم تقييم بشكل جيد فإن فوائد للمنظمه التي تقوم به سوف تقل وهناك عدة إرشادات يمكن أن تساعد في معالجة تقييم الأداء وكيفية القيام والمساعده في زيادة الملاءمة الكيفيه التي يقوم بها تقييم الأداء ومنها:

1- يجب أن يؤكد تقييم الأداء على الإنجاز الذي يحققه الفرد في الوظيفه التي يشغلها ومقدار النجاح الذي يحرزه في تحقيق أهداف المنظمه.

2- يجب أن يركز تقييم الأداء على الفرد في الوظيفه وليس على انطباع المقيّم عن ملاحظاته لعادات العمل. أي يجب أن يكون التركيز أكثر على تقييم تحليل الهدف بدلاً من تقييم العادات.

3- يجب أن يكون التقييم مقبولاً من كل من المقيّم والفرد الذي يتم تقييمه.

4- يجب أن يستخدم تقييم الأداء كأساس في تحسين إنتاجية الأفراد في المنظمه عن طريق جعلهم مؤهلين بشكل أفضل لنتجوا

نقاط ضعف محتمله في تقييم الأداء (Potential Weaknesses Of Performance (Appraisals

يجب أن يتجنب المديرون نقاط الضعف المحتمله في تقييم الأداء لما ذلك من تكلفه زائده على المنظمه.

نقاط الضعف هي:-

1- يمكن أن يعتبر الأفراد المشمولين بعمليـة تقييم الأداء أن ذلك عبـاره عـن حـاله مكافـأه أو عقوبه.

2- يمكن أن ينصب تركيز تقييم الأداء على إتمام الأعمال المكتبيه بدلاً من التركيـز علـى نقـد أداء الفرد.

3- يمكن أن يتولد رد فعل سلبي من المرؤوس عندما يبدي المقيّم بعض التعليقات غير اللطيفه. وحتى يمكن تجنب نقاط الضعف المحتمله يمكن اتباع مايلي:

1- يجب أن ينظر المشرفون إلى عمليه تقييم الأداء على أنها فرصة لزيادة كفاءة الفـرد وليست وسيله لمعاقبة أو مكافأة الأفراد

2- يجب أن ينظر إلى الأعمال المكتبيه كوسيله مناسبه في الحصول علـى المعلومـات المرشده Feed back

3- يجب أن تبذل عنايه كبيره لجعل المعلومات الراجعه عـن التقيـيم موضوعيه قـدر الإمكان من أجل إمكانية تقليل ردود الفعل السلبيه من الأفراد.

الفصل السابع

نظام الحوافز والمكافآت

نظام الحوافز والمكافآت

تستخدم إدارة المنظمه الحوافز من أجل تنشيط العاملين لبذل جهود أكبر وأفضل في سبيل تحسين العمل وزيادة الانتاج. ومن الحوافز التي تستخدم المكافئات إلاّ أنه هناك نوعين من الحوافز الحوافز الإيجابيه مثل المكافآت وهذه يكون لها نظام معين وحوافز سلبيه مثل العقاب أو النقل وهذه يكون لها نظام في عالم الإداره وفي حديثنا في هذا الفصل عن الحوافز والمكافآت لا بد من أن نميّز بين الدوافع والحوافز، فالدافع أو الباعث أو المحرك هو القوه المحركه من داخل الفرد تجاه الحصول على شيء معين. وقد يكون هذا الشيء المعين هو الحافز أما الحافز فهو وسيله يحصل عليها الفرد نتيجة الدافع فالحافز يساعد على تحريك الدوافع أو اشباعها. فمثلاً هناك دافع الجوع والعطش فإنها تحرك الفرد باتجاه اشباع حاجته منها، فإذا ما حصل على الطعام والشراب يكون قد حصل على الحوافز التي دفعته للبحث عن الطعام والشراب وسنتحدث هنا في هذا الفصل عن الدوافع والحوافز والمكافآه العامل كإحدى الحوافز التي تشبع الدوافع.

الدافعيه الإنسانيه:- Motivation

يطلق عليها أيضاً تسمية الدوافع. فالدوافع عباره عن قوه داخليه لدى الإنسان تدفعه للتصرف والسلوك وهي غير مرئيه، لكن يحسن بها الفرد وتشكل لديه قوة دفع تحثه على التصرف والعمل من أجل إشباع حاجه أو رغبه معينه لديه، حيث عدم إشباعها يحدث بداخله قلقاً وتوتراً، لذى يمكن القول أن وراء كل دافع حاجه غير مشبعه تعمل على تشكيل دافعية الفرد للعمل والسلوك. والحاجات الإنسانيه متنوعه ومتعدده وهي مستمره ومتجدده لا تقف عند حد معين، وعند إشباع الحاجه تغيب لفتره زمنيه غير محدده وترجع إلى الظهور ثانية لدى الإنسان، وتجعله يشعر بقلب

وتؤثر من جديد وتدفعه لأن يشبعها ثانية وفترة الغياب تختلف من حاجه لأخرى. فالحاجات الفسيولوجيه كالطعام مثلاً غيابها يكون لفتره قصيره.

الحوافز Incintives

الحافز هو فرصه أو وسيله مثل المكافأه والعلاوه وغيرها من الحوافز نوفرها أمام الفرد لنثير بها رغبته وتخلق لديه الدافعيه من أجل الحصول عليها. وإشباع حاجه يحسن بها. ويريد إشباعها وهنا لا بد من اجل الحصول على الحافز أو الوسيله ففي المنظمه مثلاً يكون السبيل محصوراً في الأداء الجيّد والسلوك السليم. وبالتالي ربط الحافز بالعمل شيء أساسي لنجاحه في تحقيق غايته.

وهذا النجاح لا يتوقف على ذلك بل يتطلب أن يكون الحافز متكاملاً ومتوافقاً مع الحاجه أي انه قادر على إثارتها وتشكيل الدافع. فالرجل العطش مثلاً لا يثير دافعيته للسلوك المرغوب سوى كأس من الماء البارد.

أنواع الحوافز

يمكن تقسيم الحوافز من حيث أثرها على الفرد إلى نوعين:

-   حوافز إيجابيه مثل المكافأه والترقيه وزيادة الأجر
-   حوافز سلبيه مثل العقاب والنقل وتخفيض الرتبه.

وكلاهما له تأثير على سلوك الفرد وتحريك دافعيته كما يمكن تقسيم الحوافز وخصوصاً الإيجابيه منها إلى الأصناف التاليه:

أولاً: الحوافز النقديه Monetary Incentives

تعتبر الحوافز النقديه من أهم الحوافز في البلدان الناميه نظراً لفقرها وحاجة الناس فيها للمال لسد احتياجاتهم المعيشيه كالمأكل والمسكن والملبس والحوافز النقديه أنواع وأشكال منها:

1- الراتب والأجر Salary and Wage

هذا الحافز في العمل داخل المنظمه يتيح للفرد تحقيق الكثير من الحاجات الأوليه والأساسيه كالمأكل والمسكن والملبس والسياحه وشراء مايلزمه من حاجات يرغبها ويمكن عن طريقه استقطاب العماله الجيده للعمل في المنشأه ورفع الإنتاج عن طريق ربط الأجر بالإنتاجيه

2- الزيادات الدوريه Increments

لا يمكن القول أن الزيادات الدورية عل الراتب هي حافز على العمل إلاّ إذا ربطت بالإنتاج، أي يكون أساس منها هو كفاءة ونشاط وانتاج الفرد في عمله بحيث يعرف العاملين أن حصولهم على الزياده لا يمكن أن يتملك إلا بالأداء الجيد للعمل. أما إذا ربط منح الزياده بالأقدميه يفقد هذا الحافز أهميته بالنسبه لزيادة الإنتاج

3- المكافأه Bonus

المكافأه هي مبلغ من المال يعطي للفرد العامل لقاء قيامه بعمل متميز أو تحقيق مستوى معين من الإنتاج. أو حقق وفراً في مجال ما. وما قيل عن الزيادات الدوريه ونجاحها كحافز على الانتاج ينطبق أيضاً على المكافآت.

4-   المشاركه في الأرباح Profits Sharing

يمكن تعريف المشاركه في الأرباح بأنها نسبه مئويه مـن الأربـاح تحـددها إداره المنشـأه ليجري توزيعها على العاملين ويتم احتسابها إما على أساس الأرباح الإجماليه أو الأربـاح الصافيه. لذلك يعتبر المشاركه في الأرباح حافزاً على زيادة الانتاج.

ثانياً: الحوافز المعنويه Morality Incentives

يقصد بالحوافز المعنويه تلك التي لا تعتمد على المال في إثارة تحفيز العاملين عـلى العمـل بـل تعتمد على وسائل معنويه وأهم هذه الحوافز المعنويه:

فرص الترقيه (Promotion)

تعتمد فاعلية الترقيه كحافز عـلى العمل فيما إذا ربطت بالكفـاءه والإنتـاج، فـإذا كان لـدى العاملين رغبه أو دافع لشغل منصب وظيفي أعـلى مـن منصبهم الحـالي بسبب النزعـه إلى المكانـه الوظيفيه والمكانه الإجتماعيه في هذه الحاله ستكون الترقيه حافزاً مشجعاً للعاملين على العمل والإنتاج ويجب أن يؤخذ في الإعتبار أن الترقيه كحافز سيفقد أثره في التحفيز إذا كان هنـاك مساواه بـين الفـرد والمبدع في الإنتاج والفرد العادي وخصوصاً إذا كانت الترقيه فقط على أساس الأقدميه في العمل.

1-   إشراك العاملين في الأداء (Employees Participation)

ويقصد بذلك أن يكون للعاملين صوتاً في مجلس الإداره حيث يسـاهمون في إداره المنشـأه مساهمه فعليه عن طريق الإشتراك في رسم سياساتها واتخـاذ قراراتها. والهـدف مـن وراء إشراك العاملين في الإداره هو حفزهم على العمل عن طريق إشعارهم بأهميتهم وإنَّ لهـم صوتاً في إدارة المنشأه وبالتالي

تنمية الشعور بالمسؤوليه لديهم ورفع درجة انتماءهم لمنظمتهم

-2 ضمان واستقرار العمل Job Stability

إن الضمان في الاستمرار في العمل أو الاستقرار فيه يمثل بالنسبه للعاملين حافزاً كبيراً له تأثير كبير على معنوياتهم وبالتالي على زيادة كفاءتهم وانتاجهم في العمل

-3 توسيع العمل Job Enlargment

بعد توسيع العمل أحد الحوافز الهامه في باب الحوافز المعنويه. فتوسيع العمل يسعى إلى إضافة مهام جديده لعمل الفرد ضمن نطاق تخصصه الأصلي ويبعد عنه الروتين ويشعره بأهميته في العمل.

-4 إغناء أو إثراء العمل Job Enrichment

يعد إثراء العمل حافزاً معنوياً مهماً جداً تلجأ المنظمات إلى استخدامه كأحد الحوافز المعنويه في مجال التحفيز الإنساني للعمل عن طريق إضافة مهام جديده قريبه لاختصاص الفرد.

-5 تحديد ساعات العمل Working Hours Setting

فمما لا شك فيه أن هناك مستوى معقولاً من ساعات العمل التي تحفز العاملين على العمل بكفاءه وإنتاجيه حيث إذا زادت عن هذا المستوى سيصاب الفرد بالتعب والإرهاق وبالتالي سيؤثر ذلك على روحه المعنويه وانتاجيته في العمل فمن الضروري إذن تحفيز العمال على الإنتاج والإنتماء للمؤسسه عن طريق تحديد عدد ساعات معقوله للعمل اليومي.

-6 تحسين ظروف ومناخ العمل Physical Environment Improvement

ويعني تحسين ظروف العمل ما يتعلق بالأمن الصناعي والسلاه العامه والإضاء والتهويه وبيئه العمل بشكل عام مما يعمل على راحه العاملين ورفع روحهم المعنويه وزيادة انتاجيتهم.

ثالثاً: حوافز الخدمات الاجتماعيه Social Services Incentives

يطلق البعض على هذا النوع من الحوافز بالحوافز غير المباشره أو بالتعويضات. ويفقد بهذه الحوافز تلك التي تشبع حاجات ذاتيه لدى العاملين وتشعرهم أن الإداره تقدر وترعى مصالحهم الشخصيه وتعتني بمعالجة مشاكلهم الخاصه وأهم هذه الخدمات الإجتماعيه هي:

1- توفير مستلزمات المعيشه مثل الجمعيات التعاونيه الاستهلاكيه

2- مساعدهة العاملين في ايجاد السكن المناسب

3- إنشاء صندوق إدخار يساهم فيه العاملين وإداره المنشأه معاً ويعود بالربح على العاملين ويمكن أن يحصلوا على عروض من هذا الصندوق.

4- تقديم خدمات طبيه للعاملين وكذلك التأمينات الصحيه لهم ولأسرهم

5- تقديم خدمات ثقافيه وتعليميه للعاملين عن طريق إنشاء مكتبه أو التدريب أو بعثات تعليميه لهم ولأبناءهم

وكما ذكرنا سابقاً فإن الحوافز قد تكون إيجابيه سواء كانت ماديه أو معنويه كالمكافآت والأجور والخدمات الإجتماعيه التي أشرنا إليها وقد تكون سلبيه وهي التي تشمل أنواع التهديد والعقاب. كتنزيل الرتبه أو الخصم من الأجر والمشكله الرئيسيه التي تواجه المنظمه هي تلك المتعلقه بمدى الأخذ بأي من الأسلوبين، الإيجابي أو السلبي. فالمدير الذي يعتمد بصفه أساسيه على أسلوب التخويف والعقاب يعرف بأنه قائد سلبي أما المدير الذي يعتمد كلياً على أسلوب التقدير والتشجيع والمكافأه

فيعرف بأنه قائد إيجابي لكن الأمور لا تسير بمثل هذه الطريقه في التطبيق العملي.

فليس هناك مدير لا يستخدم مطلقاً أسلوب العقاب والردع والإختبيار الأساسي للتحفيز الفعال إنما يتأكد بالنتائج العلميه لأسلوب التحفيز الإيجابي أو السلبي ولقد أسفرت الدراسات والتجارب التي أجريت في هذا المجال عن أن الحافز السلبي يوفر إنتاجيه أعلى في المدى القصير لكن يصاحبها هبوط في معنويات العاملين وما يعكسه ذلك من أعراض سلوكيه مثل إرتفاع معدل الغياب ومعدل دوران العمل وظروفه وعلاقاته وكثرة الشكاوي والتنظيمات ويترتب على ذلك هبوط انتاجيتهم في المدى الطويل معنى ذلك أن القاده الذين يعتمدون على الحافز السلبي يحصلون على إستجابه سريعه لكنها مؤقته ومحدوده، أما الحافز الإيجابي فإنه بصفه عامه يوفر روحاً معنويه أعلى وإنتاجيه أقل في المدى القصير، لكن على المدى الطويل تزيد الإنتاجيه بدرجه كبيره وهذا يرجع بصفه عامه المدخل الإيجابي في التحفيز[1]

كما يمكن تقسيم الحوافز إلى:

- حوافز إقتصاديه
- حوافز اجتماعيه
- حوافز نفسيه
- حوافز سياسيه
- مكافآت العاملين

من المهمات الضروريه وخصوصاً في مجال التحفيز والتي تسعى الإداره للقيام بها من أجل مصلحه العمل والإنتاج وهو ما يسمى بمكافآت العاملين أو مكافآت القوى العامله.

(1) إداره الأفراد والعلاقات العامه د.زكي هاشم مكتبه عين شمس القاهره مصر 1975 ص317

إن أساس مكافأة القوى العامله هو:

- تقييم الأعمال
- تقييم منجزات العاملين

وعلى ضوء تقييم الأعمال وتقييم منجزات العاملين يتم تحديد مدى نجاح العاملين في تحقيق أهداف المنشأه أو مدى الإبداع وبالتالي تقييم المكافأه للعامل المجتهد والمجد سواء كانت هذه المكافآت من نوع الحوافز الماديه أو المعنويه.

تقييم الأعمال:

يقصد بتقييم الأعمال إيجاد القيم النسبيه للأعمال في المؤسسه الواحده بناء على ما يتضمنه العمل من أعباء إذ مما لا شك فيه أنه كلما زادت أعباء العمل حاول الفرد زياده جهد وخبرته ومدراكه مضحياً بوقته وتعرضه لظروف العمل. ولذا لا بد أن يكون أجره متناسباً مع تلك الجهود.

أغراض تقييم الأعمال:

1- إيجاد سياسه أجريه موحده مقنعه وعادله لكون تقييم الأعمال يستند على أسس موضوعيه هي أعباء العمل

2- تزويد العاملين بمعلومات كافيه عن سبب تباين الأجور والأسس التي قام عليها نظام تقييم الأعمال وبذلك تحقيق تعاون من الإداره والعاملين.

3- إن تقييم الأعمال يكون أساساً لوضع نظم الحوافز والعلاوات وأساساً للترفيع

4- تقييم الاعمال يساعد على زيادة الحجم وتطوراً لإمكانيات الأفراد وبالتالي تكون الأمور موضوعيه بعيده عن الوساطات الشخصيه.

5- كبح البطاله المقنعه، حيث سيعمل كل فرد عملاً موصوفاً ومقيماً وفق ما يحتويه من أعباء أتحدث تسميته مع أعباءه وأجره مما لا يدع مجالاً لبطاله مقنعه يؤدي الفرد عملاً لا يساوي أجره.

طرق تقييم الأعمال [1]

هناك مجموعتين من الطرق لتقييم الأعمال:

اولاً:- الطرق الوصفيه

أ-   الترتيب البسيط والمزدوج

ب-   طريقة التدريج

ثانياً: الطرق الكميه:

أ-   طريقة مقارنه العناصر

ب-   طريقة النقط

الطرق الوصفيه:

أ-   الترتيب البسيط المزدوج:

والترتيب البسيط يعني أن ترتب الاعمال حسب أهميتها وهي طريقه غير موضوعيه وتكون عرضه للتقديرات الشخصيه

أما الترتيب المزدوج فتعني أن نجد المقارنه بين الاعمال على مرات متتابعه بحيث تتم المقارنه بين كل وظيفتين لمعرفة الأسهل من الأصعب.

---

(1) أساسيات في الإداره
د.سليمان اللوزي وآخرين دار الفكر عمان الاردن 1998 ص259

ب- طريقة التدريج:

وهي أن نجد مقياساً لكل صنف من أصناف الأعمال ونقسم المقياس إلى درجات وتوصف هذه الدرجات ومن ثم نقرأ مواصفات كل عمل ليوضح في الدرجه الملائمه لـه في المقيـاس. وما أن يتم ذلك يجري ترتيب الأعمال داخل كل درجه. ويحدد الأجـر الأعـلى والأدنى لكـل درجه وهذه الطريقه أيضاً تخضع للتقدير الشخصي وهذا من عيوبها.

الطرق الكميه:

1- طريقة مقارنة العناصر وهي أن نجد عناصر معينه كأساس للمقارنه وهي المتطلبات الذهنيه والمتطلبات البدنيه والمهاره والمسؤوليه وظروف العمل. وتـتم عـلى أسـاس القيـام بتحليـل وتوصيف كافه الأعمال ثم اختيار وظائف أماميـه يمكـن اعتبارهـا ممثلـه لوظـائف الإداره المختلفه والمستويات التنظيميه المتعدده وهي وظائف قد تمثل أكـبر عـدد مـن الوظـائف وعيب هذه الطريقه أنها طويلع وتقديريه لا تمثلها أرقام يمكن الرجوع إليها بسهوله.

2- طريقة النقط:

وتعتبر من أكثر الطرق شيوعاً في تقييم الاعمال. وخلاصه مراحل هذه الطريقه هي:

أ- توصيف الاعمال بعد تحليلها

ب- تعريف العناصر المشتركه ووجود أوزان لها وفقاً لأهميتها للمؤسسه.

ج- تقدير قيمة كل عنصر

د- تحديد أجر كل وظيفه أماميه وفق ما يعطي لها من أجر حالياً

ه- إيجاد العلاقه بين عدد النقاط التي تحتويها كل وظيفه أماميه والأجر المدفوع لها وبالتـالي نحصل على مصفوفه تتضمن عدد نقاط كل عمل من الأعمال الأماميه والأجر المحدد له

و- نقرأ مواصفات كل الوظائف الأخرى ونحدد نقاطها عـن طريـق الـدليل ونسـتخرج أجرهـا عن طريق إسقاط عمود النقطه التي تمثل القيمه الرقميه هـذه عـلى خـط الاتجـاه العـام للتقاطع معه في نقطه نقيم منها على محور الأجور لنحصل على القيمه النقديه لكل عمل من أعمال المؤسسه الأخرى

وبهذه الطرق الوصفيه والكميه يتم تقييم الأعمال ليتم مقارنه ذلك مـع أداء العامـل وتحديـد المكافآت المشجعه له

الفصل الثامن

نظام تقييم أداء العاملين

نظام تقييم أداء العاملين

يعتبر تقييم أداء العاملين من مهام إداره الموارد البشريه للتعرف على مدى ودرجه اتقانهم للعمل والقيام بالواجبات والمسؤوليات المناطه بهم وهذا له علاقه فيما بعد بالحوافز والمكافآت وربما قياس نتيجه الحوافز والمكافآت مع اداء العاملين. وتعتبر عمليه تقييم الاداء من السياسات الإداريه الهامه والمعقده لأنها الوسيله التي تدفع الإدارات للعمل بحيويه ونشاط حيث تجبر الرؤساء والمديرين على مراقبة وملاحظة أداء مرؤوسيهم بشكل مستمر لتمكنوا من تقييم أداءهم، كما أنها تدفع المرؤوسين من جهه أخرى للعمل بنشاط وكفاءه ليظهروا بمظهر المنتجين أمام مدرائهم ورؤسائهم. وعملية تقييم الأداء للعاملين تتطلب وجود معايير أو أساس ينسب إليه الأفراد ويقارن كأساس للحكم عليه تلك هي معدلات الأداء Job Standards أو معايير الأداء الجيّد Criteria of satisfactory performance

مفهوم تقييم أداء العاملين[1]

تعددت التسميات التي أطلقها كتاب الإداره على تقييم الأداء فقد سميت بتقييم الاداء Performance Evaluation كما سميت بقياس الكفاءه Rating كما سميت بتقييم الكفاءه Efficiency Evaluation إلا أن أفضل تسميه لها هو تقييم الأداء لانتشار استعمالها. كذلك تعددت تعاريف تقييم الأداء:

إذ عرّف من أنه تقييم كل شخص من العاملين في المنشأه على أساس الأعمال التي أتمها خلال فتره زمنيه معينه وتصرفاته مع من يعملون معه.

---

(1) إداره الأفراد في منظور كمي د.مهدي حسن زويلف مكتبه الأقصى عمان -الأردن 1983 ص200

كما عرّف كونه عمليه يتم بموجبها تقدير جهود العاملين بشكل منصف وعادل. لتجري مكافأتهم بقدر ما يعملون وينتجون وذلك بالإستناد إلى عناصر ومعدلات تتم على أساسها مقارنه أدائهم بها لتحديد مستوى كفاءتهم في العمل الذي يعملون به.

كا عرّف كونه ذلك الإجراء الذي يهدف إلى تقييم منجزات الأفراد عن طريق وسيله للحكم على مدى مساهمة كل فرد في انجاز الأعمال التي توكل إليه وبطريقه موضوعيه وكذلك الحكم على سلوكه وتصرفاته أثناء العمل. وعلى مقدار التحسن الذي طرأ على أسلوبه في أداء العمل وأخيراً على معاملته لزملاءه ومرؤوسيه.

معدلات الأداء وكيفية وضعها:

يوجد عدد من الخطوات التي لا بد من اتباعها لوضع معدلات الأداء وهي:

1- الإختيار: والمقصود اختيار أنسب الأعمال لقياسها

2- التسجيل: ويعني تسجيل الحقائق والبيانات المتعلقه بالظروف التي يتم فيها العمل والأساليب وعناصر النشاط

3- التحليل الإنتقادي: وهو اختبار البيانات المسجله انتقادياً للتأكد من استغلال الوسيله والحركات الأكثر فاعليه وعزل العناصر الإنتاجيه والغريبه.

4- القياس: وهو قياس كمية العمل المستغله بكل عنصر ـ وبمصطلحات الوقت باستعمال الأسلوب الفني المناسب لقياس العمل.

5- جمع الوقت النمطي باحتساب زمن المشاهده لكل عنصر من العناصر واحتساب الوقت العادي لكل عنصر من العناصر.

6- التحديد: ويتم بتحديد سلسلة النشاطات تحديداً دقيقاً وتحديد طريقة

التشغبل التي حدد لها الوقت وتحديد الوقت القياسي للنشاط والأساليب المعيّنه.

فوائد تقييم الإداء:

1- رفع الروح المعنويه للعاملين

2- اشعار العاملين بمسئولياتهم

3- وسيله لضمان عدالة المعامله

4- الرقابه على الرؤساء

5- استمرار الرقابه والإشراف

6- تقييم سياسات الإختبار والتدريب

مجالات استخدام نتائج تقييم الأداء:

النظام الجيد لتقييم أداء العاملين يهدف إلى كونه أداه موضوعيه للإداره في اتخـاذ القـرارات الإداريه المتعلقه بالمجالات التاليه:

1- الترفيع والترقيه للعاملين

2- التعيين من الداخل أو من الخارج والنقل للعاملين

3- الانضباط

4- الكشف عن الاحتياجات التدريبيه.

5- تحديد المكافآت التشجيعيه ومنح العلاوات

الصعوبات التي يواجهها تقييم الأداء:

1- التحيز من جانب المقيم للعوامل التي يفضلها

2- التأثير بسلوك الأفراد مثل فتره التقييم

3- التحيزات الشخصيه

4- الاتجاه إلى التقييم بعيداً عن الحقيقه

طرق تقييم الأداء:

تنقسم أساليب تقييم الأداء إلى مجموعتين

الأولى: أساليب القياس الموضوعيه للأداء

وهي أن تقاس انجازيه الأراد عن طريق:

1- كمية ناتج الإداء

2- جودة نواتج الأداء

3- كمية وجودة الناتج معاً.

الثانيه: أساليب القياس التقديريه الذاتيه:

وتستخدم هذه الأساليب حينما لا يمكن قياس مساهمة الفرد المباشره في عمله قياساً موضوعياً فيعمد لأساليب تقاس بها هذه المساهمه من خلال تقديرات واحكام الآخرين على أداء الأفراد ونتيجه للمشكلات التي تكتشف استخدام المقاييس الموضوعيه فإن المقاييس الذاتيه للأداء نجدها أكثر شيوعاً من المقاييس الموضوعيه وعادة تقرر الإداره أي الأساليب تستخدم في تقييم الأداء

الفصل التاسع

نظام تدقيق الموارد البشرية

نظام تدقيق الموارد البشريه

سنتحدث في هذا الفصل عن موضوعين رئيسيين يتعلقان بموضوع تديضق الموارد البشريه ألا وهما:

موضوع الرقابه على العاملين

موضوع انضباط الأفراد

حيث أن مهمة إداره الأفراد أو الموارد البشرية إشارة إلى الوظائف التي سبق وأن تعرضنا لها في فصول هذا الكتاب فهي تسعى إلى انضباط الأفراد العاملين في المنشأه عن طريق تطبيق نظام الانضباط بعد أن يتم إعداد هذا النظام ليسير عليه أفراد المنشأه أو المنظمه كما أنها تسعى إلى الرقابه على إداء العاملين لتحديد التنفيذ مقارنه بالتخطيط والأهداف المرسومه التي تسعى إليها المنشأه او النظمه فإذن الرقابه على العاملين وانضباط الأفراد من الأنظمه الرتيبه الهامه التي تقوم بها الإداره في ممارسة العمليه الإداريه

مفهوم الرقابه[1]

إن الوظيفه الرئيسيه للرقابه الإداريه هي قياس الأداء من أجل التأكد من الأهداف قد تتحقق وإن الخطط قد وضعت موضع التنفيذ بالشكل الصحيح.

كما أن الرقابه الحقيقية هي تلك التي تستطيع أن تسبق الأحداث فتعمل على التنبيه إلى الإنحرافات المتوقعه ومنها قبل حدوثها ليتم التنفيذ طبقاً للمعايير المقرره.

(1) مبادئ الإداره النظريات والعمليات والوظائف د.محمد قاسم القريوتي دار وائل عمان الأردن 2001 ص355

عرفت الرقابه بأنها السلطه والنفوذ التي يتم خلالها تحديد كيفية إتمام الأعمال. وأنها قياس أداء الأعمال التي يقوم بها المرؤوسين وتصحيحها لضمان تحقيق الأهداف.

فالرقابه بهذا المفهوم تؤكد لكل مسؤول إن ما تم إنجازه من الأعمال هو ما قصد انجازه حسب الخطه الموضوعيه[1]

ويتضح من هذه التعريفات أن الرقابه هي الأداه التي تعين الإداره على الكشف عن الإنحرافات وتصحيحها قبل أن تستغل وتتعمق. إلى جانب اتخاذ مايلزم من اجراءات او تدابير لمنع حدوث مثل هذه الانحرافات أو الأخطاء مستقبلاً.

وترتبط الرقابه بالتخطيط في ضوء الحقائق التاليه:

1- لا يمكن القيام بمهمات الرقابه إلا إذا كان هناك خطه وأهداف محدده

2- تدل الرقابه ومن خلال المقاييس التي تتجسد عادة في عملية التخطيط عل سلامة التنفيذ للخطه الموضوعه

3- لا تقتصر الرقابه على متابعه التنفيذ وتشخيص الانحرافات بغيه معالجتها بل تكتشف عن صحة عملية التخطيط وما يتبعها من سياسات واجراءات وعلى قدرة الخطه عل تحقيق الأهداف المحدده

كما ترتبط الرقابه باتخاذ القرارات. ففي ضوء ما تسفر عنه تقارير الرقابه يتخذ المديريون القرارات اللازمه لتصويب الأمر. فإذا ثبت من خلال الرقابه أن هناك خللاً بالأهداف الموضوعه يستلزم عندها الأمر إعادة النظر في الأهداف بحيث تكون واقعيه إما إذا كانت الأهداف واقعيه والتقصير من العاملين أثناء التنفيذ فيلزم عندها اتخاذ

---

(1) تنظيم إدارة الاعمال د.عبد الغفور يونس دار المعارف القاهره مصر 1965 ص196

قرار بشأن تدريب أو إعادة تدريب العاملين من أجل زيادة كفاءتهم أو اتخاذ قرار استخدام حوافز سلبيه عقابيه بحقهم بسبب مقصورهم في الأداء. وكذلك الأمر فإذا تبين للمدير أن هناك أسباباً تنظيميه لقصور أداء العاملين بسبب تداخل السلطات والمستويات أو عدم وضوحها عندها يلزم اتخاذ قرار لتصحيح التنظيم أو الهيكل التنظيمي وخطوط الاتصال والسلطه والمسئوليه.

خطوات الرقابه:

تتحقق عمليه الرقابه الإداريه سواء كان ذلك في القطاع العام أو القطاع الخاص على ثلاثه مراحل[1]

1- تحديد معايير الأداء وهي كمي أو نوعيه أو زمنيه أو تكلفه
2- قياس الأداء ومقارنته بالمعايير الموضوعيه
3- كشف أسباب اختلاف النتائج عن المعايير واتخاذ الإجراءات اللازمه لتصحيحها.

أساليب الرقابه:

يمكن تصنيف أساليب الرقابه إلى الأساليب التاليه:

1- الأساليب التقليديه وتقوم على الملاحظه الشخصيه والموازنات
2- الأساليب المتخصصه مثل نظم إداره المعلومات والرقابه على الجوده الشامله وتحليل نقطة التعادل

(1) Bartholomo D.J and Smith, Man Power and Management (London: the English University Press, England 1970) P-96

3- أساليب الرقابه الشامله مثل قياس الربح وعائد الاستثمار

خصائص نظام الرقابه الجيد:

يجب أن يتوفر في أي نظام رقابي مجموعه من الخصائص والصفات هي[1]

1- التوفير في النفقات

2- توضيح طرق التصحيح

3- الوضوح وسهولة الفهم

4- التوقيت المناسب

5- الموضوعيه والواقعيه

6- المرونه

7- وجوب إشراك المنفذين بتجديد معايير الرقابه

مجالات الرقابه:

1- الرقابه في مجال الإداره العامه والرقابه في مجال إدارة الأعمال

2- الرقابه على الإنتاج

3- الرقابه على التسويق

4- الرقابه على سياسات الأفراد والموارد البشريه

5- الرقابه الماليه

6- الرقابه التشريعيه والقضائيه

7- رقابة الجمهور والصحافه والرقابه الشعبيه

---

(1) الإداره: دراسه نظريه وتطبيقيه د.ابراهيم الغمري دار الجامعات المصريه الاسكندريه مصر 1978 ص453

مفهوم نظام انضباط الأفراد[1]

لكل تنظيم نوع من النظام يتألف من مجموعة قواعد يلتزم بها الأفراد لتسير مهمة الانتاج.

ولقد دلت الأحداث أن العاملين نظاميين بطبيعتهم وهم بتجاربهم في الحياه ينقلبون الإرشاد والتعليمات المعقوله الموجه لهم من رؤسائهم. إلاّ أن ذلك يتطلب من الإداره إثاره وعي قوي بين العاملين بأهمية النظام واحترامه حرصاً عل تحقيق الأهداف المشتركه[2]

ولا بد من نظام مكتوب فيه القواعد التي يجب إطاعتها والعقوبات والجزاءات التي ستفرض عل مخالفيها. من أجل تحقيق نظام تدقيق العاملين وقد تطور مفهوم النظام الانضباطي لعدة عوامل:

1- تدخل الحكومات والدول في سياسات المنظمات

2- مساهمات المنظمات العالميه مساهمة فعاله في هذا الشأن

3- مساهمة المفكرين والأوروبيين والعلماء في هذا الموضوع

الإداره وتطبيق نظام الانضباط:

إن مسأله تطبيق النظام وفق مبادئ التنظيم السليم تقع على عاتق الإداره إذ حيث تكون السلطه يجب أن تكون المسؤوليه. إن حق السلطه الرئاسيه قد بقي إلى

(1) إداره الأفراد في منظور كمي د.مهدي حسن زويلف مكتبه الأقصى عمان الأردن 1983 ص232

(2) إدارة العمال والموظفين د.أمين أحمد عوض العالم دار النهضه العربيه القاهرة -مصر 1963 ص150

الآن رغم تطور الزمن حقاً ثابتاً وفي كل الدول والنظم فيما عدا استثناءات مزريه إلاّ أنه فيما يتعلق بالمحاكمات التأديبيه وتوقع الجزاء التأدبي فإن هنالك اتجاهات حديثه نحو سحب هذا الحق كلياً أو جزئياً من الرئيس الإداري وإحالته إلى هذا الحق كلياً أو جزئياً من الرئيس الإداري وإحالته إلى هيئات أخرى في صور مختلفه وطبقاً لإجراءات تختلف باختلاف الدول[1]

ويرجع السبب في هذا التحول إلى الرغبه في التوفيق بين واجب الاحتفاظ بحق السلطه الرئاسيه في توقيع الجزاءات التأديبيه وفقاً لما تقضي به المبادئ التنظيميه ولهذا فإن نظام الإنضباط هو نظام تكون للرئيس فيه كلمه كبيره ولكنها كلمه مقيده بضمان حماية العاملين من تعسف الإداره في استخدامها حقها.

إيجابية نظام الإنضباط.

أن وجود نظام انضباطي يضمن احترام العاملين لقواعد العمل ويسيطر العقوبات لمخالفيها ويضمن سلامة التحقيق وعدالة الجزاء يمثل حاجة جوهريه تتطلبها مسألة إشاعة العداله في أجواء العمل ورفع الكفايه الانتاجيه. كما أن غياب انضباط متكامل ليحمي العمل من قصور العاملين من تعسف الإداره سيؤدي إلى فقدان الاستقرار في العمل:

ولكي يكون النظام ايجابياً لا بد ممايلي:

1- تنمية الإدراك والوعي بين العاملين ليعرفوا كيف يتعاونوا في ذلك المجتمع الإنتاجي

(1) سياسه الوظائف العامه وتطبيقاتها د.محمد فؤاد مهنا دار المعارف القاهره -مصر 1967 ص529

2- مشاهدة المخالفات ثم محاولة تحليلها ومعرفة عناصرها ومسبباتها بغية الوصول إلى الحلول لها.

3- النظام الإيجابي هو النظام الذي تسيره إدارات مدربه في فنون المقابله لتمهيد الطريق امام المخالف لرؤية مخالفته

4- تقوم إيجابية نظام الانضباط على عقيده متينه قويه لا تعرف التزعزع أساسها الإيمان بأن الإنسان خير لا شر

5- أن تتخذ الإجراءات الخاصه بالتحقيق في المخالفات بمجرد حدوث المخالفه

6- أن تتخذ من الإجراءات لضمان حيادية التحقيق والمحاكمه

7- لا بد أن ينظر للعقاب كأداه من أدوات الإشراف لا التشهير والتهديد والإنتقام

8- لا بد أن نحصل عل ثقة العاملين في عدالة النظام عن طريق سماع شكواهم والتفهم بوجهة نظرهم

9- ايجابية النظام تعني إن ما يتعذر علاجه من المخالفات هي حالات شاذه كثيراً ما تنتج عن خلل عضوي يكون الفرد غير صالح للعمل، وليس له علاج إلا أبعاده عن العمل ليكون تحت المسؤوليه العامه للهيئه الاجتماعيه.

ولكن حتى ذلك الابعاد عن العمل والذي يمكن أن تتخذ الإداره في تلك الحالات الشاذه المستعصيه فهو اعتراف الإداره بعجزها عن معالجته فتعهد بالمخالف ليكون تحت تصرف الهيئة الاجتماعيه وأسير مسؤوليتها

إعداد نظام الانضباط:

تواجه المنظمه عند إعدادها لنظامها الانضباطي الأمور التاليه:

1- حصر المخالفات

2- تحديد العقوبات

3- الإجراءات التي تتبع عند وقوع المخالفات

إن العقاب في حد ذاته ليس غايه ولكنه وسيله لمنع المخالف من تكرار مخالفته. والغايه الواضحه من وراء العقاب هي منع المخالفات. غير أن منع المخالفه يتوقف على دراسة تلك المخالفه وأسباب وقوعها ولتأمين ذلك يمكن اتباع الأسلوب التالي:

1- تحديد الخالفه

2- تجميع الحقائق

3- اقتراح الجزاء

4- اصدار القرار

5- متابعة سلوك العاملين بعد الجزاء

6- التنظيم من القرار: وهو أن نعلق الإداره أن التكلم حق للعامل بعد أن تحدد مالكه وطرقه وتيسير تنفيذه

وهكذا أخي القارئ انتهينا من فصول هذا الكتاب التي دارت حول موضوعات إداريه غايه في الأهميه حيث دارت موضوعات فصول الكتاب حول تنمية وبناء نظم الموارد البشريه. ذلك أن العنصر البشري من أهم العناصر العمليه الإداريه. ولذلك وضعنا في صدر الكتاب فصلاً خاصاً عن العمليه الإداريه ومفهوم الإداره ووظائفها ومستويات الإداره وهياكلها التنظيميه ثم انتقلنا لنتعرف على مفهوم إدارة الموارد البشريه وفلسفة المنظمه الإداريه وإلى مفهوم إدارة الأفراد ومفهوم إدارة المنظمه وواجبات وأهداف وأهميه إدارة الموارد البشريه. ثم ناقشنا النماذج المختلفه في الإداره وإداره الموارد البشريه ابتداء من النظام أو النموذج اللبرالي الغربي الكلاسيكي ثم

الحديث وتعمقنا في آراء وأفكار مدارس هذا النموذج ثم انتقلنا إلى النموذج الياباني ثم النموذج الإسلامي في إدارة الأفراد ثم انتقلنا إلى نظام تخطيط القوى العامله حيث أشرنا إلى مفهوم تخطيط القوى العامله وأهمية تخطيط القوى العامله وأهدافها ومتطلبات تخطيط القوى العامله وكذلك استعرضنا مستويات تخطيط القوى العامله وكذلك مصادر القوى العامله أي من أين يتم الحصول على القوى العامله اللازمه للمنظمه سواء كانت مصادر داخليه أم مصادر خارجيه. ثم انتقلنا بعد ذلك إلى نظام وصف الوظائف والتنظيم إداري والتطوير التنظيمي للقوى العامله حيث بيّنا مفهوم وصف الوظائف والقوائم والنماذج التي تستعمل في هذا الصدد ثم تعرضنا إلى التنظيم الإداري والتطوير التنظيمي مع نماذج من هياكل تنظيميه على أنواع التنظيم مثل التنظيم الرأسي والأفقي والخطي والوظيفي والخطي الوظيفي والنواحي الإنسانيه في التنظيم والخطوات العمليه لإعداد التنظيم الإداري وبعد ذلك تناولنا نظاماً هاماً من نظم الموارد البشريه وهو نظام استقطاب العاملين واختيارهم وتعيينهم وبيّنا مفهوم الموارد البشريه الملائمه ومفاهيم الاستقطاب والإختيار والإختبارات ومراكز التقييم والتدريب وخطوات عملية التدريب وتحديد الاحتياجات التدريبيه وتصميم البرنامج التدريبي وتنفيذه وتقييمه ونقاط الضعف المحتمله فيه وكيفية معالجتها.

وانتقلنا بعد ذلك إلى نظم أخرى منها نظام الحوافز والمكافآت ومفهومها وأنواعها وكيفية استخدامها وتأثيرها على العاملين والمنظمه.

ثم نظم تقييم العاملين والرقابه عليهم وكيف يتم تقييم العاملين وكيف تتم الرقابه عليهم وكيف يتم التعامل مع النتائج.

نأمل أن نكون قد قدمنا فكره واضحه عن تنمية وبناء نظم الموارد البشريه وأن يكون القارئ قد حقق الفائده المرجوه

المراجع والمصادر

1- الإداره (أصول وأسس ومفاهيم)،د. عمر وصفي عقيلي، دار زهران، عمان الأردن، 1997

2- المفاهيم الحديثه في الإداره، د.محمد قاسم القريوتي و د.مهدي زويلف، دار الشروق، عمان-الأردن،1993

3- الإداره الحديثه (مفاهيم، وظائف، تطبيقات)، مصطفى نجيب شاويش، دار الفرقان، عمان-الأردن، 1993

4- الإداره العامه، د.حسن أحمد توفيق، دار النهضه العربيه، القاهره-مصر، 1967

5- أساسيات في الإداره، د.سليمان اللوزي وآخرين، دار الفكر، عمان –الأردن، 1998

6- إدارة الأفراد في منظور كمي، د.مهدي حسن زويلف، مكتبة الأقصى، عمان-الأردن، 1983

7- إدارة الأفراد، د.عادل حسن، دار الجامعات المصريه، القاهره-مصر، 1965

8- Dale Yorder, Personnel Principles and Policies N.Y. Prentice Hall 1959 P.7

9- Saltonstal Robert, Humman Relations in Administration N.Y. Mcgraw –Hill Book INC. 1957 – P.45

10- الأعمال، د.سعاد نائف برنوطي، دار وائل، عمان-الأردن، 2001

11- إدارة الأفراد، د.عادل محمد عبيد، دار النهضه العربيه، القاهره –مصر، 1964

12- 1961 P.7 Flippo –A. Principles of Personnel N.Y. Mcgraw –Hill Book INC.

13- إدارة الأفراد والعلاقات الإنسانيه، د.صلاح الدين الشنواني ، دار الجامعات

المصريه، القاهره-مصر، 1970

14- Fridrick Taylor, The Principles of scientific management CN: Harper and brothers 1911) P.6

15- Mouzels. N.P. Organization and Bureaugracy (Chicago: Aldine, 1968) P.15

16- إدارة المنظمه، د.مهدي زويلف و د.علي العضايله، دار مجدلاوي للنشر، عمان-الأردن، 1996

17- James Moomy reiley and on word Industry (NY: Harper and Brothers Publishing 1933) P.29

18- Urwick. The elements of Administration (NY: Harper and brother Publishing 1943) P.220

19- الإداره: د.فيصل فخري مراد، دار مجدلاوي، عمان -الأردن، 1983

20- Keith Davis, Human Behaviour at work 4th Ed. (SanFrancisco Mc' Graw Hill Book Company) 1972 P.8

21- إدارة الأفراد والعلاقات الصناعيه، د.مهدي حسن زويلف، مطبعة الجامعه، بغداد-العراق، 1975

22- العلاقات الإنسانيه وإدارة الأفراد، د.عادل حسن، منشأة المعارف، الاسكندريه-مصر، 1963

23- P.370-396 (Psychological Review .50 (1943"A Theory of Human Motivation".A.H. Maslow

24- مبادئ الإداره، د.محمد قاسم القريوتي، دار وائل، عمان- الأردن، 2001

25- إدارة الأفراد في منظوركمي والعلاقات الإنسانيه، د.مهدي حسن زويلف، دار مجدلاوي، عمان-الأردن، 1994

26- نظرية الإداره في الإسلام -نظريه متكامله لمعالجة السلوك الإداوري عمان-

المنظمه العربيه للعلوم الإداريه، جامعة الدول العربيه، 1981

27- إدارة الافراد لرفع الكفاءه الإنتاجيه، د.علي السلمي، دار المعارف، القاهره-مصر، 1970

28- Stainer –J- man Power Planning, London, William Heine 1970 P.3ٍ

29- dale Yorder, Personele Management and Industrial Relatinos, Opeit, P.175

30- إدارة الأفراد والعلاقات الإنسانيه، د.صلاح الشنواني، دار الجامعـات المصريـه، الاسكندريه- مصرـ 1974

31-إدارة الأفراد، مصطفى نجيب شاويش، دار الشروق، عمان- الاردن، 1990

32- إدارة الأفراد والعلاقات العامه، د.زكي هاشم، مكتبة عين شمس، القاهره-مصر، 1975

33- تنظيم إدارة الأعمال، د.عبد الغفور يونس، دار المعارف، القاهره-مصر، 1965

34- Bratholomo D.J and smith, Man Power and Management (London: The English University Press England 1970) P.96

35- الإداره: دراسه نظريه وتطبيقيه، د.ابراهيم الغمـري، دار الجامعـات المصريهـ الاسكندريه-مصرـ 1978

36- إدارة العمال والموظفين، د. امين أحمد عوض العالم، دار النهضه العربيه، القاهره-مصر، 1963

37- سياسات الوظائف العامه وتطبيقاتها، د.محمد فؤاد مهنـاـ دار المعارف، القاهرة-مصر، 1967

Printed in the United States
By Bookmasters